NOUVEAU THÉATRE
DE
GUIGNOL

ÉMILE COLIN — IMP. DE LAGNY

LEMERCIER DE NEUVILLE

NOUVEAU THÉATRE DE GUIGNOL

DEUXIÈME SÉRIE

PARIS

LE BAILLY, ÉDITEUR

O. BORNEMANN, SUCCESSEUR

15, RUE DE TOURNON, 15

I

L'ÉDUCATION DE PIERROT

I

L'ÉDUCATION DE PIERROT

BASTONNADE EN UN ACTE

Personnages :

CASSANDRE, père de Pierrot.
POLICHINELLE, professeur.
PIERROT.
FRANCINE, servante de Polichinelle.
UN GENDARME.

Une chambre.

SCÈNE PREMIÈRE

FRANCINE

Mon Dieu, quelle baraque de maison que celle de M. le marquis de Polichinelle ! Du matin jusqu'au soir ce sont des cris, du bruit, de la vaisselle cassée, des cloisons démolies ; on dirait d'une ville au pillage ! Cependant je n'ai que deux maîtres à soigner, lui et M. Pierrot dont il fait l'éducation, à ce qu'il dit, et qui deviendra un chenapan s'il suit les conseils de son maître. Ah ! si je trouvais une autre place, comme je les lâcherais là ! (*On entend la voix de Polichinelle.*) Voici monsieur qui vient par ici. Gare là-dessous !

SCÈNE II

FRANCINE. POLICHINELLE, *entrant par la droite.*

POLICHINELLE, *criant.*

Francine ! Francine ! Francine ! Pourquoi a-t-on desservi la table ?

FRANCINE

Mais monsieur...

POLICHINELLE

Vous le voyez, Francine, je suis calme ! Pourquoi a-t-on déjà desservi la table ? Je voulais donner à mon élève une leçon de fourchette.

FRANCINE

Mais monsieur, vous venez de déjeuner ensemble, j'ai cru que la leçon était donnée.

POLICHINELLE

Je la donne toujours deux fois, pour qu'il apprenne mieux.

FRANCINE

C'est aussi, monsieur, que je n'ai plus rien à vous donner à manger.

POLICHINELLE

Plus rien! Vous n'avez donc pas été au marché?

FRANCINE

Si, monsieur! Mais nous l'avons dévalisé, le marché! Il n'y a plus de poisson, il n'y a plus de gibier, il n'y a plus de légumes, il n'y a plus de viande, il n'y a plus de fruits quand nous avons passé par là! La ville s'en plaint, monsieur, elle est menacée de la famine! Tout le monde devient maigre que ça fait pitié! Il n'y a qu'ici qu'on engraisse!

POLICHINELLE

Je vois bien, coquine, que vous me contez là des histoires. Et y a-t-il encore du vin dans la cave?

FRANCINE

Oui, monsieur, mais pas beaucoup.

POLICHINELLE

Comment! Pas beaucoup! Mais qui donc l'a bu?

FRANCINE

Vous, monsieur, vous! Et M. Pierrot votre élève.

POLICHINELLE

Voilà qui me paraît surprenant!

FRANCINE

Pas à moi, monsieur; vous buvez toute la journée.

POLICHINELLE

Que voulez-vous dire par là? Voudriez-vous insinuer que je suis un ivrogne?

FRANCINE

Je ne dis pas cela, monsieur.

POLICHINELLE

Apprenez ceci : — Un ivrogne se grise, moi, je bois tout le temps et je ne me grise jamais! Mais assez de bavardage, descendez à la cave et apportez-moi deux bouteilles de vin, bien frais et bouché... que vous déboucherez.

FRANCINE, *allant sortir.*

Oui, monsieur!

POLICHINELLE

Attendez! — En même temps, vous direz à M. Pierrot de venir prendre sa leçon de bouteille.

FRANCINE

Oui, monsieur!

POLICHINELLE

Et dépêchez-vous! Parce que j'ai soif!

FRANCINE

Oui, monsieur! Monsieur n'a plus rien à me dire?

POLICHINELLE, *la bousculant.*

Voulez-vous bien vous en aller, et revenir tout de suite avec les bouteilles! Un gosier altéré n'a pas d'oreilles!

FRANCINE

Oh ! J'y vas ! J'y vas ! (*Elle sort par la gauche.*)

SCÈNE III

POLICHINELLE, *seul.*

Jamais de la vie on n'aura vu d'éducation plus soignée que celle que je donne à ce petit Pierrot. Il mangera comme quatre, boira comme six et se battra comme dix ! Ce sera un homme ! Quel aimable enfant ça fait déjà ! Il est tapageur, querelleur, menteur, gourmand, voleur, ivrogne ! Encore quelques leçons et il sera parfait ! (*Francine apporte les deux bouteilles et deux verres et pose le tout sur la table.*) Ah ! Voilà le vin ! C'est bien ! Laissez-moi ! (*Francine sort.*) Voyons donc un peu ce qu'il dit, ce vin-là ! (*Il se verse à boire et boit.*) Hé ! Hé ! il est assez éloquent !

SCENE IV

POLICHINELLE. PIERROT, *entrant par la gauche.*

PIERROT *entre en pleurant et se tient le ventre.*

Oh ! la, la ! Oh ! la, la ! Oh ! la, la !

POLICHINELLE

Tiens ! Tiens ! Tiens ! Qu'est-ce que tu as donc ?

PIERROT

Ah ! monsieur ! Ah ! monsieur !

POLICHINELLE

Est-ce qu'on t'aurait flanqué une tripotée ?

PIERROT

Non ! Non ! C'est pas çà ! J'ai trop mangé, j'ai une indigestion ! Oh ! la la ! mon ventre! mon ventre!

POLICHINELLE

Mais, malheureux ! C'est que tu n'as pas assez mangé ! Comprends donc bien ce que c'est qu'une indigestion : c'est un repas qui ne passe pas ! Pousse-le et il ne te fera plus mal ! Mais si tu le laisses en route...

PIERROT

Oh ! la la ! Tout tourne ! J'ai mal au cœur ! Oh ! mon ventre ! mon ventre ! mon ventre !

POLICHINELLE

Je vois qu'il faut que je vienne à ton secours ! Voici du vin excellent, avale-moi cette bouteille, je vais en faire autant tout à l'heure. (*Il met la bouteille sur la bouche de Pierrot.*)

PIERROT

Assez ! assez ! assez ! Oh ! ça brûle ! Ça retourne ! Ça retourne !

POLICHINELLE

Qu'est-ce que je te disais ! Ça tourne d'abord, ça retourne ensuite ! Ça fait qu'on se trouve bien ! Bois encore !

PIERROT

Ah! Mais j'en ai assez!

POLICHINELLE

Veux-tu boire?

PIERROT

Non!

POLICHINELLE

Tu ne veux pas boire?

PIERROT

Non!

POLICHINELLE, *le battant avec la bouteille.*

Ah! Coquin! Tiens! Attrape! Tiens! Tiens! Tiens! Tu boiras ou tu diras pourquoi. Ah! Pendard! En as-tu assez! Je reviendrai tout à l'heure te donner une leçon de bâton et, si tu n'obéis pas, méfie-toi! (*Il sort par la gauche.*)

SCÈNE V

PIERROT, *seul.*

Il est parti! Sapristi comme il y allait! J'ai cru qu'il allait me casser la caboche! Ça a fait passer mon déjeuner! C'est qu'il cogne pour de bon, M. Polichinelle! Il n'y va pas de main morte! Pourvu qu'il n'aille pas se figurer que je n'aime plus à boire! Il me renverrait chez papa et là on met toujours de l'eau dans le vin, et on ne mange pas trop et il faut se tenir tranquille. Voilà qui ne ferait pas mon affaire! (*Cassandre entre.*) Tiens! voici papa! Est-ce qu'il l'aurait déjà averti?

SCÈNE VI

PIERROT. CASSANDRE, *entrant par la droite.*

CASSANDRE

Bonjour, mon fils, je viens voir où tu en es de tes études. Depuis que je t'ai confié à M. Polichinelle, mes nombreuses occupations m'ont fait négliger ce devoir, mais je pense que tu as dû faire des progrès.

PIERROT

Oui! papa! Oh! oui, papa! Tu peux m'interroger.

CASSANDRE

C'est bien mon intention! Es-tu fort sur la géographie? Je pense que tu n'as pas étudié en vain.

PIERROT

En vins! Je les connais tous : le bourgogne, le bordeaux, le champagne...

CASSANDRE

Plaît-il? — Ah! oui, tu me cites les anciennes provinces de France. J'entends. Pourrais-tu maintenant me nommer les villes qui en faisaient partie.

PIERROT

En Bourgogne, il y a le Mâcon, le Chablis, dans

le Bordelais le Médoc et le Sauterne et dans la Champagne...

CASSANDRE

Qu'est-ce que tu me dis là ? Voilà une singulière géographie !

PIERROT

C'est que j'ai appris avec la méthode nouvelle.

CASSANDRE

Quelle méthode ?

PIERROT

Mon professeur appelle cela les leçons de choses. Ça fait mieux retenir. Ainsi il me fait travailler à table ; par exemple s'il m'offre de la moutarde, je dois lui répondre : Dijon. — Si c'est du saucisson ? Lyon. — Du pâté ? Strasbourg. — Des biscuits ? Reims. — Des rillettes ? Tours ! etc. Ah ! ce sont des leçons substantielles...

CASSANDRE

Oui ! oui ! Je vois ! trop substantielles. De ces leçons-là ce que tu retiens le plus c'est la nourriture. Je vais en parler à ton maître.

PIERROT

Mais papa...

CASSANDRE

C'est bien, voici qu'il vient de ce côté, laisse-moi avec lui...

PIERROT, *à part.*

Pourvu, mon Dieu, qu'il ne me fasse pas rentrer à la maison. (*Il sort à droite.*)

SCÈNE VII

CASSANDRE, POLICHINELLE, *entrant par la gauche.*

POLICHINELLE

Ah ! ah ! Vous voilà, monsieur Cassandre ? Vous venez voir votre fils ?

CASSANDRE

Je l'ai vu, monsieur, et je viens de l'interroger. Je dois vous dire que je ne suis pas satisfait de l'éducation que vous lui donnez.

POLICHINELLE

Peste ! Vous êtes bien difficile ! J'y mets pourtant tous mes soins.

CASSANDRE

C'est possible ! Mais je crois que nous n'avons pas les mêmes idées sur l'éducation. Pierrot ne sait rien.

POLICHINELLE

Ah ! par exemple ! Il sait manger.

CASSANDRE

Ce n'est pas nécessaire.

POLICHINELLE

Il sait boire.

CASSANDRE

C'est bien inutile.

POLICHINELLE

Il sait se battre.

CASSANDRE

Voilà qui est de trop.

POLICHINELLE

Il est assez voleur.

CASSANDRE

Et vous croyez faire son éloge ?

POLICHINELLE

Il se moque de tout : des gendarmes, comme des juges.

CASSANDRE

Qui l'attraperont bien un jour.

POLICHINELLE

Enfin, c'est un garçon qui saura se débrouiller dans la vie, car il n'est embarrassé de rien ! Je suis fier de mon élève ; il marchera sur mes traces et aura la même renommée que moi. Plaignez-vous donc !

CASSANDRE

Si vous croyez que vous avez une bonne renommée !

POLICHINELLE

Alors, pourquoi me l'avez-vous confié ?

CASSANDRE

C'est le tort que j'ai eu ! Je croyais que vous vous étiez amendé; je vois malheureusement qu'il n'en est rien. J'espère cependant qu'il n'est pas trop tard pour le remettre dans la bonne voie et je viendrai tantôt le chercher pour le ramener chez moi.

POLICHINELLE

Vous ne me ferez pas cet affront, je suppose ! Quoi ! Vous m'enlèveriez mon gentil compagnon, avec qui je bois si bien et qui suit si bien mes leçons !

CASSANDRE

Je le reprends aujourd'hui même.

POLICHINELLE

Et moi je le garde.

CASSANDRE

Du tout. Il me suivra, dussé-je employer les gendarmes pour le ramener chez moi.

POLICHINELLE

Les gendarmes ! Il n'en fera qu'une bouchée.

CASSANDRE

Adieu, monsieur ! Ce que j'ai dit est dit.

POLICHINELLE

Ah ! C'est ainsi ! Eh bien, nous verrons ! D'abord, faites-moi le plaisir de rentrer chez vous ; je n'aime pas les moralistes. Adieu !

CASSANDRE

Adieu! (*A part.*) Ah! la mauvaise idée que j'ai eue là! (*Il sort par la droite.*)

SCÈNE VIII

POLICHINELLE

Ah! bien, par exemple! Ce serait trop fort! Je me serais donné un mal de chien pour dresser mon élève, pour en faire un gaillard qui ne craint rien, un mangeur infatigable, un buveur intrépide, un batailleur sans rival, et l'on viendrait interrompre le cours de ses études, sous le vain prétexte que je l'instruis trop bien? — Non, non, cela ne se passera pas ainsi; nous résisterons! Nous ne céderons ni au droit ni à la force, et, pour qu'il soit prêt à tout événement, je vais immédiatement appeler Pierrot et lui donner une leçon de bâton. (*Appelant.*) Pierrot! Pierrot!

PIERROT, *dans la coulisse.*

Monsieur Polichinelle! Que voulez-vous?

POLICHINELLE

Viens près de moi, et apporte ton bâton et le mien, pour que je te donne ta leçon! M'enlever mon Pierrot! On verra bien.

SCÈNE IX

POLICHINELLE. PIERROT, *avec deux bâtons, entrant par la droite.*

POLICHINELLE, *à part.*

Voyons d'abord s'il tient à moi. — (*Haut.*) Écoute, Pierrot, ton père vient de venir et il veut te ramener chez lui. Est-ce que cela te fait plaisir ?

PIERROT

Oh ! non, par exemple !

POLICHINELLE

Tu te trouves mieux chez moi ?

PIERROT

Oh ! oui !

POLICHINELLE

Et tu veux y rester ?

PIERROT

Je le crois bien !

POLICHINELLE

Cependant, s'il le veut ? S'il t'ordonne de le suivre ?

PIERROT

Je n'obéirai pas, et si je suis forcé d'obéir, eh bien, je me sauverai et je reviendrai ici.

POLICHINELLE, *à part.*

Comment ne pas aimer un enfant aussi docile !

(*Haut.*) Mais s'il envoyait un gendarme pour te prendre ?

PIERROT

Un gendarme ! Ah ! mais je ne crains pas les gendarmes, avec mon bâton !

POLICHINELLE

Très bien ! J'aime à te voir dans ces bonnes dispositions ! Mais pour qu'elles te soient profitables, je vais te donner une leçon de bâton qui ne peut manquer de te servir. Tu as ton bâton ? Donne-moi le mien.

PIERROT

Voici !

POLICHINELLE

Avant de commencer les exercices, je vais te faire un petit cours d'histoire. — Le bâton, c'est le droit et la force ; il remplace économiquement toutes les autres armes. Un sergent de ville, au milieu du boulevard, tend son bâton blanc ; aussitôt toutes les voitures s'arrêtent : voilà le droit. — Un esclave a volé son maître ; on l'étend par terre et on lui donne des coups de bâton sur les pieds : voilà la force !

PIERROT

Et les bâtons de réglisse ?

POLICHINELLE

Ça, c'est la douceur ! Mais il ne s'agit pas de ceux-là ! Le droit et la force en même temps sont représentés par le bâton de maréchal, et la protection par le bâton de vieillesse ! Ton père veut nous jeter des bâtons dans les roues, mais nous lui jouerons des tours de bâton ! Je te dis tout cela à bâtons rompus, mais tu dois me comprendre.

PIERROT

Ce que je comprends, c'est que je ne veux pas retourner chez papa.

POLICHINELLE

Très bien ! Alors, pour cela, nous allons passer de la théorie à la pratique. — Tu as ton bâton ?

PIERROT

Je l'ai !

POLICHINELLE

Attention ! Pour donner un coup de bâton ordinaire, on fait comme ça ! (*Il lui donne un coup de bâton.*)

PIERROT, *rendant à Polichinelle son coup de bâton.*

On fait comme ça !

POLICHINELLE

Allons ! Pas de bêtises ! Tu frappes comme si c'était pour de vrai, fais attention ! — Nous passons maintenant au coup extraordinaire ; il est comme ça ! (*Il fait des évolutions avec son bâton et finit par en frapper Pierrot.*)

PIERROT

Oh ! la la ! Il est extraordinaire le coup extraordinaire ! Mais vous allez voir, je vais le réussir, attention ! Une, deux ! Ça y est ! (*Il bat Polichinelle.*)

POLICHINELLE

Ah ! Sapristi ! Je vois bien que ça y est ! Tu tapes comme un bœuf ! — Enfin, ça ne fait rien, c'est très bien ! Maintenant regarde-moi bien, je vais t'apprendre le coup le plus malin de tous : c'est le coup du commandeur ! Fais attention, apprête-toi à te défendre : je lève mon bâton et... Ah ! les gendarmes ! (*Pierrot se détourne et Polichinelle le bat.*) Attrape ! Attrape, mon bonhomme ! Ce n'est pas plus difficile que ça !

PIERROT

Aïe ! aïe ! aïe ! Ce n'est pas de jeu, ça !

POLICHINELLE

Au contraire ! Pour parer le coup, il ne faut pas se retourner ; voilà ce que je voulais t'apprendre.

PIERROT

Ah ! je comprends maintenant ! A mon tour, je vais vous faire le coup du commandeur. Y êtes-vous ? Une ! deux ! (*Il regarde à la porte du fond.*) Ah ! les gendarmes ! (*Il laisse tomber son bâton et se sauve par la droite.*)

SCÈNE X

POLICHINELLE. UN GENDARME, *entrant par la droite.*

LE GENDARME

Au nom de la loi, je vous arrête !

POLICHINELLE

Qu'est-ce que ça veut dire? Un gendarme! Un vrai gendarme!

LE GENDARME

Je pense que vous ne me ferez pas l'injure de croire que je suis en zinc! Je vous arrête.

POLICHINELLE

Et pourquoi?

LE GENDARME

Ça, je ne sais pas pourquoi! On m'a dit de vous arrêter, je vous arrête! Je ne connais que ma consigne.

POLICHINELLE

C'est bien! Alors, arrêtez-moi! (*Le gendarme s'avance. Polichinelle le bat.*)

LE GENDARME

Ah! mais dites donc! Ça ne fait pas partie du programme! On m'a dit de vous arrêter, mais on ne m'a pas dit que je serais battu.

POLICHINELLE

C'est un oubli! Mais moi je me suis promis de n'être arrêté que lorsque j'aurais rossé un gendarme! Arrangez-vous pour m'arrêter auparavant.

LE GENDARME

Je n'ai pas à discuter avec vous! (*Il s'avance vers Polichinelle.*)

POLICHINELLE, *le battant.*

Ni moi non plus !

LE GENDARME

Ah ! mais ! Ah ! mais ! Sapristi, voulez-vous bien finir !

POLICHINELLE

Moi ! Cesser de te battre ! — N'y compte pas ! Je n'ai pas toujours un gendarme sous la main, et je compte bien profiter de la circonstance. (*Il continue à le battre.*)

LE GENDARME

Ah ! Gredin ! Si ce n'était mon devoir que j'accomplis, comme je me mettrais en colère !

POLICHINELLE

Mets-toi en colère si tu veux, tu ne seras pas le plus fort ! (*Il lui donne une roulée de coups de bâton; le gendarme ne bouge plus.*) Et maintenant il a son compte ! (*Appelant.*) Pierrot ! Pierrot, viens voir !

SCÈNE XI

POLICHINELLE, PIERROT. LE GENDARME, *couché.*

PIERROT, *entrant par la droite.*

Qu'est-ce qu'il y a ? Ah ! vous avez tué le gendarme !

POLICHINELLE

Ah ! je regrette bien que tu n'aies pas été là ! Tu

aurais pris une fameuse leçon ! Regarde ! Il ne bouge plus. Il est mort ou à peu près, il ne nous gênera plus ! Comprends-tu maintenant l'utilité du bâton ? Une seule chose me chagrine, c'est que ce ne soit pas toi qui aies fait ce beau coup ; mais il y a d'autres gendarmes et tu pourras t'exercer !

PIERROT

S'est-il bien défendu ?

POLICHINELLE

Pas mal ! Mais il n'osait pas m'attaquer, il se défendait seulement. Maintenant, mon fils, je dépose les armes (*Il pose son bâton.*) et vais m'assurer qu'il n'y a personne dans la rue, car il faut prendre ses précautions, — et puis nous allons gentiment le déposer au coin d'une borne. Il en arrivera ce qu'il pourra. (*Il sort par la gauche.*)

SCÈNE XII

PIERROT. LE GENDARME, *couché.*

PIERROT

Peste ! Il n'y va pas de main morte, M. Polichinelle ! J'aurais bien voulu voir cette bataille-là ! Ce pauvre gendarme ! Oh ! je ne le plains pas ! Un gendarme est fait pour être battu, mais celui-là n'a pas mauvaise figure. (*Il le retourne.*)

LE GENDARME, *soupirant.*

Aïe ! aïe !...

PIERROT

Il n'est pas mort tout à fait ! Si je lui donnais le coup de grâce ! Non ! Polichinelle l'aurait donné s'il avait voulu le tuer. Il ne faut pas faire de maladresses. Pour un homme mort, la justice ne plaisante pas : il y a la potence ; s'il n'est que blessé, on peut s'en tirer toujours.

VOIX DE POLICHINELLE, *dans la rue.*

Au secours ! A moi ! Pierrot ! Au secours ! Viens me délivrer !

PIERROT, *allant à la fenêtre.*

Qu'est-ce que c'est ? On arrête Polichinelle ! Il y avait d'autres gendarmes dans la rue... Oh ! il se débat ! En voici un qui roule par terre ! Oui, mais il y en a d'autres ! Il n'est pas le plus fort, et il n'a pas son bâton. Je vais aller à son secours ! (*Criant.*) Attendez ! résistez le plus possible, je viens à vous ! (*Pendant qu'il est à la fenêtre, le gendarme a repris ses sens et s'est emparé du bâton placé près de lui ; puis, au moment où Pierrot se détourne, il se dresse devant lui tout armé.*)

LE GENDARME

Halte là ! A ton tour, maintenant !

PIERROT

Comment, à mon tour ! On assassine mon maître et tu veux m'empêcher d'aller le secourir. (*Il cherche à le bousculer.*)

LE GENDARME

Tu n'iras pas ! Vilain drôle ! (*Il le bat.*) Ah ! toi aussi tu te mets contre les gendarmes ! Tiens ! Tiens ! Tiens ! (*Roulée de coups de bâton.*)

PIERROT

Aïe ! Aïe ! Il n'y va pas de main-morte ! Ah ! si j'avais un bâton comme toi !

LE GENDARME, *le battant.*

Mais tu n'en as pas !

PIERROT

Ah ! Si je pouvais ! (*Il lutte avec le gendarme et lui enlève le bâton.*) Je l'ai ! Maintenant, à nous deux ! Tiens ! Tiens ! (*Il bat le gendarme.*)

LE GENDARME

.Sapristi, me voilà désarmé ! Ah ! cette fois, je ne me laisserai pas battre ! (*Il lutte avec Pierrot et finit par lui reprendre le bâton.*) Ah ! tu croyais que je ne me défendrais pas, comme tout à l'heure ! Allons ! Attrape ça ! et ça ! et ça ! Es-tu content ? En as-tu assez ? (*Il lui donne de nombreux coups de bâton et le roule sur la planchette.*) Cette fois, tu te tiendras tranquille. Si tu dis un mot, je t'achève !

SCÈNE XIII

LES MÊMES. CASSANDRE, *entrant par la droite.*

CASSANDRE

Arrêtez ! gendarme ! C'est mon fils ! Laissez-nous

ensemble et rejoignez vos camarades qui viennent d'arrêter M. Polichinelle ! C'est lui le plus coupable ! Allez !

LE GENDARME

Suffit, mon bourgeois; mais si vous aviez voulu... (*Il pose le bâton*)

CASSANDRE

C'est inutile ! La leçon est suffisante ! (*Le gendarme sort. Relevant Pierrot.*) Eh bien, es-tu satisfait maintenant ? T'a-t-on assez bien arrangé ? Voilà ce que c'est que de se soustraire à l'autorité paternelle. Ton gredin de maître va faire de la prison pour avoir voulu te séquestrer et avoir battu les gendarmes, et toi, tu vas passer un bon mois au lit, avec des compresses sur tout le corps. Ah ! là, plus de bons dîners, de bons vins, de batailles ; des tisanes, du lait, du repos. Ça te changera, et quand tu seras rétabli je te mettrai dans une maison de correction pour te faire le caractère et t'apprendre l'obéissance !

PIERROT

Ah ! Papa ! papa ! J'ai bien mal partout !

CASSANDRE

C'est bien fait ! Quant à moi, je vais aussi me punir pour n'avoir pas su te donner un meilleur maître. Je vais me mettre au pain sec. (*A part.*) Ça me fera une économie !

PIERROT, *prenant le bâton.*

Je ne me tiens pas debout !...

CASSANDRE

Veux-tu bien laisser ce bâton !

PIERROT

C'est pour me soutenir ! (*A part.*) Et puis, il pourra me servir encore quand je serai rétabli !

INDICATIONS

DÉCOR

Un salon.

COSTUMES.

CASSANDRE, costume traditionnel.
POLICHINELLE, — —
PIERROT, — —
FRANCINE, jeune bonne.
UN GENDARME, costume traditionnel.

ACCESSOIRES

Une table placée sur la planchette. — Deux bouteilles, deux verres, deux bâtons.

Pour jouer cette pièce seul, placement des personnages :

	MAIN GAUCHE	MAIN DROITE
Scène I.	Francine.	
— II.	Francine.	Polichinelle.
— III.	Francine.	Polichinelle.
— IV.	Pierrot.	Polichinelle.
— V.	Pierrot.	
— VI.	Pierrot.	Cassandre.
— VII.	Polichinelle	Cassandre.
— VIII.	Polichinelle	
— IX.	Polichinelle	Pierrot.
— X.	Polichinelle	Le Gendarme.
— XI.	Polichinelle	Pierrot.
— XII.	Le Gendarme	Pierrot.
— XIII.	Le Gendarme	Cassandre.
	Pierrot.	

OBSERVATIONS

A la scène XI, quand le Gendarme est battu et étendu sur la planchette, dégagez vos doigts du personnage et prenez de la main droite Pierrot. — Scène XII, quand Pierrot retourne le Gendarme, il le porte à gauche. — Pendant ce mouvement, la main gauche se glisse dans la tête et les bras du Gendarme. — Scène XIII. Quand le Gendarme est sorti, on dégage les doigts de la main gauche et on les glisse dans le corps de Pierrot au moment où Cassandre le relève.

II

LE PETIT DOMESTIQUE

II

LE PETIT DOMESTIQUE

BASTONNADE EN UN ACTE

Personnages :

LE PÈRE MATHIAS, propriétaire.
GUILLAUME, petit domestique.
MADAME DUCORDON, portière.
MADAME CORNILLIARD, locataire.
LE GENDARME.
LE DIABLE.

UNE CHAMBRE. — Portes à droite et à gauche.

SCÈNE PREMIERE

LE PÈRE MATHIAS, *seul.*

Dix heures ! Et le domestique qu'on a dû me procurer n'est pas encore arrivé. J'ai pourtant bien recommandé qu'on me l'envoie ce matin. (*Au public.*) C'est que je me suis décidé à avoir enfin un domestique, quoique ça va me coûter cher. — Jusqu'à présent je cirais moi-même mes souliers, je brossais mes habits, je battais mes tapis, je peignais ma perruque, j'achetais mon tabac, je mangeais mon bifteck... Ah! mais je le mangerai toujours... Eh bien, maintenant ce sera mon domestique qui fera tout cela... et je compte bien ne pas le payer cher! — (*On frappe.*) Le voici sans doute! — (*Il va ouvrir.*) Non! C'est madame Ducordon, ma concierge. Car j'ai une concierge! En qualité de propriétaire!

SCÈNE II

LE PÈRE MATHIAS, MADAME DUCORDON, *entrant par la droite.*

LE PÈRE MATHIAS

Qu'est-ce que vous voulez, madame Ducordon?

MADAME DUCORDON

C'est votre nouveau domestique qui vient d'arriver, monsieur Mathias.

LE PÈRE MATHIAS

Ah! Ah! Je ne serais pas fâché de le voir. Comment est-il?

MADAME DUCORDON

Il est jeune, mais c'est un garçon très doux, bien élevé! On me l'a bien recommandé.

LE PÈRE MATHIAS

Qui est-ce qui vous l'a recommandé?

MADAME DUCORDON

C'est la laitière qui avait pris ses renseignements au boucher, qui en avait pris au boulanger, qui en avait pris au charcutier, qui en avait pris à l'apothicaire, qui en avait pris à l'épicier, qui en avait pris au sergent de ville, qui n'en avait pris à personne.

LE PÈRE MATHIAS

Oh! oh! Voici un garçon bien recommandé! Faites-le entrer.

MADAME DUCORDON

Oui, monsieur Mathias! Votre servante. (*Elle sort par la droite.*)

SCÈNE III

LE PÈRE MATHIAS

Allons! Je suis content, madame Ducordon m'a trouvé un bon sujet. Je le ferai marcher comme je voudrai. Oh! je ne suis pas exigeant! Pourvu qu'on m'obéisse sans répliquer, qu'on se lève de bonne heure, qu'on se couche tard, qu'on mange très peu, et qu'on boive de l'eau, je me déclare satisfait. Le voici!

SCÈNE IV

LE PÈRE MATHIAS, GUILLAUME, *entrant par la droite.*

GUILLAUME, *entrant, à part.*

V'là l' patron ! Quelle bonne tête il a !

LE PÈRE MATHIAS

Approche, mon garçon ! Comment t'appelles-tu ?

GUILLAUME

Je m'appelle Guillaume !

LE PÈRE MATHIAS

Guillaume quoi ?

GUILLAUME

Guillaume tout court ! Papa s'appelait Guillaume, maman aussi, mon frère aussi, et moi aussi.

LE PÈRE MATHIAS

Eh bien, Guillaume, tu vas entrer à mon service. Qu'est-ce que tu sais faire ?

GUILLAUME

Je sais tout faire.

LE PÈRE MATHIAS

Tout ! C'est beaucoup ! Enfin, nous te verrons à l'œuvre. Pour commencer, tu vas me faire des commissions.

GUILLAUME

Des commissions ! Ça me va ! J'aime beaucoup la promenade.

LE PÈRE MATHIAS

Oui! mais il ne faudra pas flâner! Je n'aime pas les flâneurs. Tu feras tes commissions en te dépêchant.

GUILLAUME

Oui, patron!

LE PÈRE MATHIAS

D'abord, tu vas aller me chercher le *Petit Journal.*

GUILLAUME

Le *Petit Journal!* Oui, patron! (*Il va pour sortir.*)

LE PÈRE MATHIAS

Attends! Tu achèteras le *Petit Journal,* puis deux sous de tabac.

GUILLAUME

Deux sous de tabac et le *Petit Journal!* Compris! (*Il veut encore sortir.*)

LE PÈRE MATHIAS

Attends donc! Sapristi, comme tu vas vite!

GUILLAUME

Dame! Vous m'avez dit de me dépêcher.

LE PÈRE MATHIAS

Sans doute! Mais tu te dépêcheras quand je t'aurai donné mes ordres. — Ensuite, j'ai l'habitude de prendre mon chocolat tous les matins; tu m'achèteras quatre sous de lait.

GUILLAUME

C'est convenu, patron ! J'y cours ! (*Il va pour sortir.*)

LE PÈRE MATHIAS, *le retenant.*

Mon Dieu ! Qu'il est pressé ce garçon ! Guillaume ! Voyons, Guillaume ! Et l'argent ?

GUILLAUME

Ah ! c'est vrai ! J'oubliais !

LE PÈRE MATHIAS

Tiens ! Voilà dix sous, tu me rendras la monnaie. — Te souviendras-tu de tout ce que tu as à acheter ?

GUILLAUME

Parbleu ! Un sou de *Petit Journal*, deux sous de tabac et quatre sous de lait, ça fait dix sous !

LE PÈRE MATHIAS

Comment, dix sous ! Tu comptes largement.

GUILLAUME

Du tout, comptez avec moi. Le *Petit Journal* et le tabac, trois sous. Maintenant, le lait, quatre sous. Ça fait sept.

LE PÈRE MATHIAS

Eh bien ! Ça fait sept sous.

GUILLAUME

Tiens, c'est vrai ! Eh bien, j'aurais parié que ça faisait dix sous !

LE PÈRE MATHIAS

Allons ! Dépêche-toi.

GUILLAUME

Je cours, patron ! Je cours ! (*Il sort par la droite.*

SCÈNE V

LE PÈRE MATHIAS, *seul, puis* MADAME DUCORDON

LE PÈRE MATHIAS

Un peu jeune, mon domestique, un peu étourdi ! Mais il est plein de bonne volonté. Qui vient là? (*Madame Ducordon entre.*) C'est encore vous, madame Ducordon. Qu'y a-t-il de nouveau?

MADAME DUCORDON

Monsieur, c'est une dame qui veut louer dans la maison.

LE PÈRE MATHIAS

Une future locataire ! Vite, faites-la entrer ! (*Madame Ducordon sort.*) Sapristi ! C'est une bonne aubaine ! Un logement où toutes les cheminées fument ! Si je pouvais le louer...

SCÈNE VI

LE PÈRE MATHIAS. MADAME CORNILLIARD, *entrant par la droite.*

MADAME CORNILLIARD, *entrant.*

M. Mathias, le propriétaire?

LE PÈRE MATHIAS

C'est moi, madame; qu'y a-t-il pour votre service?

MADAME CORNILLIARD

Monsieur, je suis un peu sourde, je vous prierai de parler très haut. Je viens pour louer votre appartement.

LE PÈRE MATHIAS

Oui, madame, il est très joli. Vous convient-il?

MADAME CORNILLIARD

C'est beaucoup trop cher, il faut me diminuer.

LE PÈRE MATHIAS

Impossible de vous diminuer, il est réparé à neuf.

MADAME CORNILLIARD

J'entends bien! J'ajouterai cinquante francs, mais pas plus!

LE PÈRE MATHIAS

Je vous dis qu'il est réparé à neuf.

MADAME CORNILLIARD

Et je veux l'eau, le gaz, et ne pas payer de contributions.

LE PÈRE MATHIAS

Rien que ça, merci! Mais, ma petite mère, ça vous ferait mal!

MADAME CORNILLIARD

Vous m'appelez animal?

LE PÈRE MATHIAS

Si vous croyez que je vais vous donner mon logement pour rien!

MADAME CORNILLIARD

Vous êtes un insolent!

LE PÈRE MATHIAS

Qu'est-ce que c'est que cette femme-là! Sortez, madame.

MADAME CORNILLIARD

Oui, un insolent, d'insulter une pauvre femme. Je ne sortirai pas d'ici que vous ne m'ayez fait des excuses.

LE PÈRE MATHIAS

Des excuses? A vous! Attendez, je vais vous en faire? (*Il va prendre un bâton.*)

MADAME CORNILLIARD

Ces propriétaires! Tous des malhonnêtes!

LE PÈRE MATHIAS, *revenant avec un bâton.*

Malhonnête! Moi! Attends, va! (*Il la frappe.*) Tiens! tiens! tiens!

MADAME CORNILLIARD

A l'assassin! Le brigand! Il me tue!

LE PÈRE MATHIAS

Tu n'en as pas assez? Tiens! tiens! tiens! en voilà encore! (*Bataille. — Il lui donne une roulée; elle lui prend le bâton et lui en donne une à son tour.*

— *A la fin, il reprend le bâton et finit par la tuer ; après quoi il la met sur son épaule.*) — Maintenant, elle ne me demandera plus de diminution. Allons cacher le cadavre. (*Il sort par la gauche.*)

SCÈNE VII

GUILLAUME, *seul, avec le* Petit Journal.

Voilà mes commissions faites ! — Je n'ai pas été trop longtemps ! Tiens ! Où est donc le patron ? Il est sorti ? — Plaçons ici ce qu'il m'a demandé : — Le journal, le tabac, le lait. — (*Il place sur la planchette les objets qu'il indique.*) Voyons, maintenant. Il me reste trois sous. — Je les garde pour la course. Je dirai que tout est augmenté. — Voyons, en l'attendant, qu'est-ce que je ferais bien ? — Ah ! si je goûtais le lait ! Ça doit être bon ! — J'y remettrai de l'eau tout à l'heure. (*Il boit à même la boîte au lait.*)

SCÈNE VIII

LE PÈRE MATHIAS, GUILLAUME

LE PÈRE MATHIAS, *entrant par la gauche, préoccupé.* (*A lui-même.*) Il n'est pas très facile de se débarrasser d'une vieille femme. Surtout quand elle est assommée. Il est vrai qu'elle n'est plus assommante, mais c'est égal, c'est un rude fardeau. Ma foi, tant pis ! Je l'ai jetée au coin de la rue. (*Apercevant Guillaume qui boit le lait.*) Qu'est-ce que je vois ? Mon domestique qui boit mon lait ! Guillaume ! Guillaume !

GUILLAUME

Oh ! le patron ! Pincé !

LE PÈRE MATHIAS

Il me semble, mauvais garnement, que tu bois mon lait ?

GUILLAUME

Moi, patron ! Jamais ! Je regardais une mouche qui était en train de se noyer.

LE PÈRE MATHIAS

Une mouche ? Il fallait la retirer.

GUILLAUME

C'est ce que je faisais, patron !

LE PÈRE MATHIAS

Oui, avec ta langue ! Et mon journal ? Où est-il ?

GUILLAUME

Le voilà. (*Il donne le journal.*)

LE PÈRE MATHIAS, *dépliant le journal.*

Voyons donc ce qu'il y a de nouveau. Affaires politiques... Oh ! moi, je ne m'occupe pas de politique. Ah ! le feuilleton ! C'est ça qui me va. Une mère qui n'est pas une mère, un fils perdu, une fille enlevée et puis des assassinats ! Oh ! c'est amusant ! Voyons donc ! (*Il lit.*)

GUILLAUME, *regardant le journal de l'autre côté.*

Je peux bien lire aussi, moi! (*Il lit tout haut.*) « — Hier soir, à quatre heures du matin, un lièvre qui était à la devanture d'un restaurateur se mit à se sauver en voyant passer un chasseur avec son chien! Il faut croire que le lièvre n'était pas tout à fait mort! » — Parbleu! Il n'est pas malin, le journaliste!

LE PÈRE MATHIAS

Qu'est-ce que tu dis? — Veux-tu bien me laisser lire!

GUILLAUME

Ça ne vous gêne pas que je lise de ce côté-là.

LE PÈRE MATHIAS

Voyons! reste tranquille. Il faut que je termine mon feuilleton. Écoute plutôt. (*Il lit.*) « —Le baron de Trinqueville entra souriant. Aussitôt Brindamour, qui attendait ce signal, sortit du coffre à bois où il s'était caché et, sep récipitant sur la baronne endormie, lui donna quatorze coups de poignard! Quand elle se réveilla, elle était morte! »

GUILLAUME

Ah! mais c'est encore plus stupide que ce que je lisais! Ne lisez donc pas ça! (*Il donne un coup de tête dans le journal.*)

LE PÈRE MATHIAS

Veux-tu bien me laisser lire! C'est palpitant.

GUILLAUME, *même jeu.*

Je vous dis que non !

LE PÈRE MATHIAS

Je te dis que si.

GUILLAUME, *arrachant le journal.*

Je ne veux pas que vous deveniez idiot !

LE PÈRE MATHIAS, *cherchant à reprendre le journal qui se déchire.*

Rends-moi mon journal, polisson !

GUILLAUME

Polisson ! moi ! Va donc ! vieux marron sculpté.

LE PÈRE MATHIAS, *allant chercher son bâton.*

Attends ! attends ! Je vais t'apprendre à être insolent !

GUILLAUME

Ne me touchez pas ! Ou sans cela garde à vous !

LE PÈRE MATHIAS

Je vais te corriger, petit drôle, attends ! (*Il le poursuit avec son bâton.*)

GUILLAUME, *courant autour de la chambre.*

Tu ne m'attraperas pas ! Tu ne m'attraperas pas !

LE PÈRE MATHIAS

Tu vas voir ! Tiens ! (*Il donne un coup de bâton raté. Poursuite à volonté.*)

GUILLAUME

Ah ! mais, c'est qu'il tape pour tout de bon !

Attends, mon bonhomme, attrape! (*Il lui jette à la tête le paquet de tabac.*)

LE PÈRE MATHIAS, *le poursuivant toujours.*

Ah! gredin! Tu vas me payer ça!

GUILLAUME, *prenant la boîte au lait et s'en servant comme d'un bouclier.*

Ne vous fatiguez donc pas, patron! Je vous dis que vous ne m'attraperez pas! Buvez donc plutôt votre lait. (*Le père Mathias donne un coup sur la boîte.*) Vous n'en voulez pas? Ça vous calmerait pourtant! Eh bien, vous allez le boire malgré vous. (*Il lui jette le lait à la figure et la boîte ensuite, puis il se sauve par la droite.*)

LE PÈRE MATHIAS

Je suis inondé! Ah! le scélérat! le brigand! le voleur! l'assassin! Il a voulu me tuer! Au secours! A la garde! A l'assassin. (*Il va aux coulisses et crie :*) A l'assassin! A l'assassin! Arrêtez-le!

SCÈNE IX

LE PÈRE MATHIAS. LE GENDARME, *entrant par la droite.*

LE GENDARME, *entrant.*

Il suffit! Vous m'avez appelé, me voici.

LE PÈRE MATHIAS

Un gendarme! Mais je ne vous ai pas appelé!

LE GENDARME

J'ai bien entendu, peut-être ! Vous m'avez crié : « Arrêtez-le ! » Je vous arrête.

LE PÈRE MATHIAS

Mais je ne suis pas l'assassin !

LE GENDARME

Pardon ! C'est vous qui avez tué la femme que l'on vient de trouver dans la rue.

LE PÈRE MATHIAS, *à part.*

Mon Dieu ! est-ce qu'il saurait ? (*Haut.*) Moi ? Je ne sais pas ce que vous voulez dire ! Qui est-ce qui vous l'a dit ?

LE GENDARME

D'abord, votre domestique qui sortait de chez vous ; ensuite, c'est la femme elle-même.

LE PÈRE MATHIAS

La femme ! Elle n'est donc pas morte ? Ah ! je suis perdu !

LE GENDARME

N'insistez pas ! Je vais vous mettre les menottes, suivez-moi !

LE PÈRE MATHIAS

Moi ! arrêté ! Un propriétaire ! Jamais ! (*Il prend son bâton.*) N'approchez pas ou je cogne.

LE GENDARME

Je ne connais que mon devoir et je n'ai pas peur !

LE PÈRE MATHIAS

Eh bien, tant pis pour vous ! (*Il le bat. — Bataille. — Un moment le gendarme prend le bâton, mais le père Mathias le lui reprend et finit par le tuer. Il le roule sur la planchette et le jette dans la rue.*)

LE PÈRE MATHIAS

Et maintenant, je suis réellement un assassin ! — Je n'ai plus qu'une chose à faire, c'est de me tuer à mon tour ! Mais je n'en ai pas le courage... Oh ! qu'est-ce que je vois?... Je suis perdu.

SCÈNE X

LE PÈRE MATHIAS. LE DIABLE, *sortant de dessous.*

LE DIABLE

Oui, tu es perdu ! Je suis le remords ! Je vais maintenant ne plus te quitter ! Je vivrai avec toi, je coucherai avec toi, tu me verras toujours, et, nuit et jour, je te dirai : « Assassin ! Assassin ! »

LE PÈRE MATHIAS

Grâce, grâce !

LE DIABLE

Non ! pas de grâce pour toi ! — Pose là ton bâton au milieu. (*Le père Mathias obéit.*) Maintenant couche-toi ; fais ta prière, tu vas mourir.

LE PÈRE MATHIAS, *se couchant.*

Brrrr ! J'ai froid dans le dos !

LE DIABLE, *prenant le bâton.*

Y es-tu ? Une ! deux ! trois ! (*Il frappe, mais le père Mathias s'est reculé.*)

LE PÈRE MATHIAS

Je ne suis pas encore mort.

LE DIABLE

Eh bien, ça ne va pas tarder. Je recommence. (*Nouveaux coups de bâton évités par le père Mathias qui finit par s'emparer du bâton et qui rosse le diable et le tue.*)

LE PÈRE MATHIAS

Encore un ! Je lui ai fait son affaire ! Ça fait trois ! La vieille Femme, le Gendarme et le Diable ! Maintenant, je ne crains plus personne ! (*Il se promène fierement, le bâton à la main.*)

SCÈNE XI

LE PÈRE MATHIAS, GUILLAUME

GUILLAUME, *entrant doucement et le suivant.*

Il ne craint plus personne ! Mais moi je ne le crains pas et je vais remplacer la justice. (*Il s'empare du bâton.*)

LE PÈRE MATHIAS

Guillaume ! Rends-moi mon bâton, polisson.

GUILLAUME, *le battant entre chaque phrase.*

Oui, patron ! — Le voilà, ton bâton. — Le voilà. — Le connais-tu ! Tiens ! Tiens ! (*Cris du père Ma-*

thias.) Il ne bouge plus ! Il est mort ! (*Il le prend et le met sur le diable resté sur la tablette.*) Qu'est-ce que je vais faire de tout ça, maintenant ? Eh ! parbleu ! Je vais l'imiter et le jeter au coin de la rue ! Justice est rendue ! Quant à moi !... Eh bien, puisque le propriétaire est mort, je suis le propriétaire ! (*Il sort en emportant les deux personnages.*)

INDICATIONS

DÉCOR

UNE CHAMBRE (salon). Portes à droite et à gauche.

COSTUMES

LE PÈRE MATHIAS, costume de Cassandre.
GUILLAUME, Guignol ou le petit garçon.
MADAME DUCORDON, portière.
MADAME CORNILLIARD, vieille femme.
LE GENDARME, costume traditionnel.
LE DIABLE, — —

ACCESSOIRES

Bâton. — Le *Petit Journal*. — Paquet de tabac. — Lait dans une boîte au lait. (On imitera le lait avec du plâtre fin, ou plutôt de la poudre d'albâtre.)

Pour jouer cette pièce seul, placement des personnages.

	MAIN GAUCHE	MAIN DROITE
Scène I.	Le père Mathias	
— II.	Le père Mathias	Madame Ducordon.
— III.	Le père Mathias	
— IV.	Le père Mathias	Guillaume.
— V.	Le père Mathias	Madame Ducordon.
— VI.	Le père Mathias	Madame Cornilliard.
— VII.	— —	Guillaume.
— VIII.	Le père Mathias	Guillaume.
— IX.	Le père Mathias	Le Gendarme.
— X.	Le père Mathias	Le Diable.
— XI.	Le père Mathias	Guillaume.

III

PIERROT PENDU

III

PIERROT PENDU

COMÉDIE EN UN ACTE ET EN VERS

Personnages :

LE JUGE.	CASSANDRE
PIERROT.	ARLEQUIN.
SCAPIN.	POLICHINELLE.
LA MÈRE MICHEL.	

Le théâtre représente une prison. A droite une potence, avec un nœud coulant. Table sous la potence.

SCÈNE PREMIÈRE

LE JUGE, PIERROT

LE JUGE

Pierrot! Le jugement qui vient d'être rendu
Ordonne qu'à l'instant tu vas être pendu.

PIERROT

Mais ce n'est pas moi qui...

LE JUGE

Ce n'est pas mon affaire!
Un livre fut volé; diras-tu le contraire?

PIERROT

Non!

LE JUGE

Or, tu te trouvais tout seul dans la maison
Où fut commis le vol... On pense avec raison
Que toi seul as pu faire le coup; on t'arrête,
On t'interroge...

PIERROT

Mais!...

LE JUGE

Puis on fait une enquête
De laquelle il résulte, — et tu ne peux nier —
Que l'on a retrouvé caché dans le grenier
Ce livre et qu'il était glissé sous ta paillasse.

PIERROT

Mais ce n'est pas moi qui...

LE JUGE

Que veux-tu que j'y fasse!
Il fallait le prouver! Nier, c'est bientôt fait!
La justice ne peut s'occuper que du fait!
Ton avocat, au lieu de parler du déluge,
Aurait beaucoup mieux fait de convaincre le juge

Et surtout les jurés. — Du reste, c'est jugé !
Je ne pourrais casser le jugement que j'ai
Rendu que si j'avais le nom du vrai coupable,
S'il avouait, et si même, chose improbable,
Les jurés convenaient de s'être tous trompés.
Or les jurés, ce sont des gens très occupés
Et qui n'ont pas le temps de reviser leur vote.
Prends-en donc ton parti, tout bonnement. Et note
Que tu seras pendu dans le plus grand secret
Et que je te promets, — en plus, — d'être discret !

PIERROT

C'est affreux ! Je n'ai pas pris le livre, vous dis-je.

LE JUGE

C'est possible ! En tout cas, il faudrait un prodige
Pour te tirer de là.

PIERROT

Mais vous m'avez promis,
Avant d'être pendu, de voir tous mes amis.

LE JUGE

Oui. Je viens de donner l'ordre qu'on introduise
Ceux qui voudraient venir te voir. Chose promise,
Chose due !

PIERROT

Eh bien donc, voulez-vous maintenant
Me rendre le service — un service éminent —
De demeurer caché dans ces lieux, rien qu'une heure,
D'écouter tout. Je veux, avant que je ne meure,

Vous faire entendre et voir que je n'ai pas commis
De vol, car le voleur est un de mes amis !
Derrière ce pilier, vous pourrez tout entendre,
Et moi de même car, voyez, je vais me pendre,
Mais pour rire ! — Je mets la table sous mes pieds
Et la corde à mon col !... Ah ! mais si vous alliez
Oter la table ?...

LE JUGE

Non ! l'heure n'est pas sonnée.
Eh bien ! j'accepte ! Mais, l'épreuve terminée,
Si de tous tes amis, aucun n'est confondu,
Irrévocablement, tu vas être pendu !
(*Le juge se cache derrière le pilier. Pierrot monte sur la table et se passe la corde au cou.*)

SCÈNE II

LE JUGE, *caché.* PIERROT, *pendu.* SCAPIN.

SCAPIN

Pendu ! Sitôt pendu ! La justice est pressée !
Et dire qu'il a fait déjà la traversée
Du Styx ! ce bon Pierrot ! — Qu'il connaît l'avenir
Et qu'il ne connaît plus le passé ! Mais finir
De cette façon-là, c'est très désagréable !
D'abord, cela fait mal au cou, c'est présumable !
Puis, ce pauvre garçon n'a guère mérité
Cet excès de hauteur et cette indignité !
Voler un livre, lui ? — Mais il ne sait pas lire.

Pourquoi faire? Ah! vraiment cet arrêt me fait rire.
Mais moi, Scapin, oui, moi! moi qui suis honoré,
Estimé, bien payé, surtout considéré,
J'ai fait mille fois plus que ce pâle imbécile,
Et l'on me laisse aller tranquille, par la ville,
Filoutant les tuteurs et battant les bourgeois.
Il est vrai que je suis bâtonné quelquefois!
Mais j'aurais détourné quelques bibliothèques
Qu'on ne songerait pas du tout à mes obsèques!
Adieu, Pierrot! Je ne suis pas à ta hauteur.
C'est pourquoi je me dis ton humble serviteur!
(*Il salue et sort.*)

SCÈNE III

LE JUGE, *se montrant.* PIERROT, *pendu.*

PIERROT

Eh bien! Qu'en dites-vous?

LE JUGE

Je dis que c'est un drôle
Qui mériterait bien deux lettres sur l'épaule.
Mais nous n'avons aucune preuve contre lui.

PIERROT

C'est ennuyeux!

LE JUGE

Hélas! Je comprends ton ennui,
Mais c'est ainsi.

PIERROT

L'on vient, cachez-vous! Qui s'avance
C'est la mère Michel!
(*Le juge se cache.*)

SCENE IV

LES MÊMES, LA MÈRE MICHEL

LA MÈRE MICHEL

Tiens! Pierrot se balance
Au bout de sa ficelle! Oh! comme il est vilain!
Pauvre garçon! Pourtant il n'était pas malin!
Eût-il osé jamais faire une gibelotte
De mon chat, avec sel et poivre, thym, carotte,
Laurier, petits oignons, le tout bien mitonné,
Comme Polichinelle a fait devant mon nez?
On l'a laissé tranquille! Oui vraiment! C'est atroce
De voir ce chenapan qui roule encore sa bosse
Quand ce pauvre petit qui n'était pas cruel,
Et qui n'a rien fait, est entre terre et ciel!
Adieu! Pauvre chéri!
(*Elle sort.*)

SCÈNE V

LE JUGE, *se montrant*. PIERROT, *pendu*.

PIERROT

Vous voyez! Cette femme,

Me croyant déjà mort va prier pour mon âme.
Elle me plaint et croit que je suis innocent.
Dites, qu'en pensez-vous ?

LE JUGE

Ce n'est pas suffisant !
C'est la preuve qu'il faut ! Bien plus, c'est le coupable.
Certes ! Polichinelle est peu recommandable,
Mais il s'agit du livre et non du chat.

PIERROT

Mais si
Polichinelle avait volé le livre aussi !

LE JUGE

Prouve-le !

PIERROT

Le prouver ! Parbleu ! c'est bien facile
A dire. On n'a pas pu le trouver dans la ville.
Je crois bien que c'est lui, mais je n'en suis pas sûr,
Et lui faire avouer ce crime sera dur !

LE JUGE

Tant pis pour toi !

PIERROT

Mon Dieu, que vous êtes peu tendre !

LE JUGE

C'est mon devoir !

PIERROT

Voici le bonhomme Cassandre !

(*Le juge se cache.*)

SCÈNE VI

LES MÊMES, CASSANDRE

CASSANDRE

Hé! hé! le voici donc ce mauvais garnement!
Il ne me fera plus de niches maintenant!
Pendu! L'on s'est pressé de le pendre peut-être;
C'était un fainéant, mais je dois reconnaître
Qu'au fond il n'était pas tout à fait vicieux;
Il était... comment dire?... assez malicieux!
Il eût volé du vin, de la charcuterie,
Des gâteaux! Il était d'une gloutonnerie
Proverbiale! Aussi, je suis assez surpris
Qu'il se soit emparé d'un livre! — Qu'il eût pris
Des boudins, des pâtés, des flacons... c'est possible;
Mais un livre! Vraiment, c'est incompréhensible.
Il ne savait pas lire! Aujourd'hui qu'il est mort,
Que le voilà pendu par le cou... triste sort!
Qu'ainsi qu'un criminel on l'a rendu célèbre,
Je m'en vais prononcer son oraison funèbre :
— Adieu Pierrot! Tu fus ivrogne et non voleur!
Puisses-tu te griser dans un monde meilleur!

(*Il sort.*)

SCÈNE VII

LE JUGE, *se montrant.* PIERROT, *pendu.*

PIERROT

Eh bien ?

LE JUGE

Présomption seulement, mais pas preuve.
Il faut prouver.

PIERROT

Il n'est donc rien qui vous émeuve?

LE JUGE

Si, je suis très ému! — Dans le fond, je te crois;
Mais enfin, moi, je suis l'exécuteur des lois,
Et ta vie, ô Pierrot, ne sera préservée
Que si ton innocence est amplement prouvée.

PIERROT

Grand Dieu! Si je pouvais connaître le coquin
Qui m'a... Je suis sauvé! J'aperçois Arlequin
Avec Polichinelle... Ils s'avancent ensemble,
Les voici! Cachez-vous! Ah! maintenant je tremble;
C'est mon dernier espoir! Si ce n'était pas eux?...
Écoutons bien! Ne bougeons plus! Fermons les yeux!
(*Le juge se cache.*)

SCÈNE VIII

LES MÊMES, ARLEQUIN, POLICHINELLE.

ARLEQUIN

Le voilà!

POLICHINELLE

C'est bien lui !

ARLEQUIN

Quelle drôle de face !

POLICHINELLE

Cette opération fait faire la grimace,
Paraît-il !

ARLEQUIN

Oui ! — Dans la haute position
Qu'il occupe aujourd'hui, quelle est l'inscription
Qui pourrait bien orner son marbre funéraire ?
J'en ai fait une en pur latin, — très littéraire !

« *Aspice Pierrot pendu*
» *Qui Librum n'a pas rendu ;*
» *Si Librum redidisset*
» *Pierrot pendu non fuisset !* »

POLICHINELLE

Traduis-la, car je suis si troublé ce matin,
Que je ne comprends plus un seul mot de latin.

ARLEQUIN

« *Regarde Pierrot pendu*
» *Pour avoir volé le livre ;*
» *Si Pierrot l'avait rendu*
» *Il n'eût pas cessé de vivre!* »

POLICHINELLE

C'est charmant ! et c'est très logique ! C'est complet !
Je voudrais les savoir ! — Répète, s'il te plaît.

ARLEQUIN

« *Regarde Pierrot pendu!* » — Cela veut bien dire
Qu'il est mort?

POLICHINELLE

Qu'il est mort, et que nous pouvons rire.
Qu'on ne nous pendra pas maintenant qu'il est mort!

ARLEQUIN

Oui! Mais le second vers est encore plus fort!
« *Pour avoir volé le...* »

POLICHINELLE, *l'interrompant.*

« *... le livre!* » C'est comique!
Un soir que nous étions d'humeur mélancolique
Il nous vint à l'esprit de jouer un bon tour
A notre ami Pierrot. En rôdant à l'entour
Du salon, nous avions, d'une façon discrète,
Pris un livre; Cassandre en avait fait emplette
Le jour même. Il paraît qu'il y tenait beaucoup.

ARLEQUIN

Mais, par malheur, Cassandre est rentré tout à coup.
Que faire? En ne voyant plus le livre à sa place,
Il nous soupçonne...

POLICHINELLE

Alors, tous deux payant d'audace
Nous accusons Pierrot d'avoir fait le délit.

ARLEQUIN

Et nous allons cacher le livre dans son lit.

POLICHINELLE

Cassandre a fait venir le juge. Il verbalise
Et dans tous les endroits fait fouiller à sa guise,
Si bien qu'au bout d'une heure on trouve le bouquin
Dans le lit de Pierrot. — On l'appelle coquin !
On le met en prison, le juge et le condamne,
Puis enfin on le pend ! Vois comme il se pavane
Au bout d'un fil ! Pendu ! Comme il est bien pendu
Dis-moi l'autre vers ?

ARLEQUIN

« *Si Pierrot l'avait rendu* »,
Rendu le livre ! Mais on peut très bien comprendre
Que ne l'ayant pas pris, il ne pouvait le rendre.

POLICHINELLE

C'est juste ! « *Si Pierrot l'avait rendu!* » Ma foi !
Je n'aurais pas trouvé ce vers comique, moi !

ARLEQUIN

Je termine par : « *Il n'eût pas cessé de vivre!* »

POLICHINELLE, *riant.*

Ah ! Ah ! Il eût vécu s'il eût rendu le livre !
Ah ! Ah ! Ah !

ARLEQUIN, *riant.*

Ah ! Ah ! Ah !

LE JUGE, *caché, riant.*

Ah ! Ah ! Ah !

PIERROT, *pendu, riant.*

Ah! Ah! Ah!

ARLEQUIN

Il vit! Sauve qui peut!

(*Arlequin et Polichinelle se sauvent.*)

SCÈNE IX

LE JUGE, PIERROT

PIERROT

Eh bien?

LE JUGE

Descends de là!

Attends! Je vais t'aider!

(*Il l'aide à descendre de la potence.*)

Je casse ma sentence.

Il faut que le procès au plus tôt recommence;
Nous allons déchirer tous les arrêts rendus,
Et ce sont tes amis qui vont être pendus!

RIDEAU

INDICATIONS

DÉCOR

Une prison. A droite, près la coulisse, une potence avec sa corde. Le nœud coulant de la corde doit être arrêté et assez large pour que la tête de Pierrot puisse y passer. La table en bois placée dessous est très basse.

COSTUMES

Les sept personnages ont les costumes traditionnels.

ACCESSOIRES

Potence, corde avec nœud coulant. La corde peut être faite avec du fil de fer recouvert d'étoupe ou de coton, afin de tenir rigide et ouvert le nœud coulant.

Table. — La table a les pieds bas. Le nœud coulant doit être à dix centimètres de la table, pour que la jupe de Pierrot descende à hauteur de la scène ou plus bas. (*La table n'est utile que pour justifier la possibilité de Pierrot de se pendre lui-même.*

Pour jouer cette pièce seul, placement des personnages.

		MAIN GAUCHE	MAIN DROITE	
Scène	I.	Le juge........	Pierrot.	
—	II.	id. dans la coulisse......	Scapin.	Pierrot pendu.
—	III.	Le juge........		id.
—	IV.	id. dans la coulisse......	La mère Michel.	id.
—	V.	Le juge........		id.
—	VI.	id. dans la coulisse......	Cassandre.	id.
—	VII.	Le juge........		id.
—	VIII.	Arlequin.......	Polichinelle.	id.
—	IX.	Le juge........	Pierrot.	

OBSERVATIONS

Pierrot qui, dans la pièce, n'a pas de très grands mouvements à faire, peut, si l'on veut éviter la fatigue de tenir trop longtemps le bras en l'air, être fixé sur une tige de bois, comme par exemple un bout de manche à balai de 25 à 30 centimètres de longueur. Les mouvements des bras se feront simplement en en faisant tourner la tige légèrement.

IV

L'AUBERGE DU MOUTON ENRAGÉ

IV

L'AUBERGE DU MOUTON ENRAGÉ

PIÈCE EN DEUX ACTES

Personnages:

GUIGNOL, chef de brigands.
FÉROCINETTO, brigand.
ESCRABOUILLO, —
GNAFRON, voyageur.
LA COMTESSE.
UN GENDARME.

ACTE PREMIER

Salle d'auberge.

SCÈNE PREMIÈRE

FÉROCINETTO, ESCRABOUILLO

FÉROCINETTO

Eh bien, mon pauvre Escrabouillo, qu'est-ce que tu dis de mon idée ?

ESCRABOUILLO

Mon cher Férocinetto, je dis que tu es le plus ingénieux des brigands en même temps que le plus modeste, car lorsque notre capitaine a été pris, la place de chef te revenait de droit.

FÉROCINETTO

Je le sais bien! mais à l'audace je joins la prudence. D'ailleurs, si je ne suis pas votre chef de nom, je le suis en réalité, puisque c'est moi qui donne des ordres à celui que j'ai nommé à ma place.

ESCRABOUILLO

Ce pauvre Guignol!

FÉROCINETTO

Oui! Ah! quand nous nous sommes emparés de l'auberge du « Mouton enragé » qu'il tenait et qu'il dirige encore, il a bien cru que sa dernière heure était sonnée; j'allais, en effet, lui couper le cou, mais il avait tellement peur, il me suppliait tant de l'épargner, que j'en eus pitié.

ESCRABOUILLO

Ce n'est pas ta coutume!

FÉROCINETTO

Non! Je me laissai fléchir; mais alors il me vint dans l'esprit une idée des plus comiques, et qui, en même temps, faisait notre affaire. Je me suis dit : « Voici un homme qui a peur de mourir, donc, pour sauver sa vie, il fera tout ce que je voudrai. » D'un autre côté, nous autres, nous avons un métier bien dangereux, nous sommes traqués partout. — Si l'on voit une forêt, on dit : « Elle est pleine de brigands. »

ESCRABOUILLO

Et l'on a raison quand nous y sommes.

FÉROCINETTO

Si l'on voit une caverne...

ESCRABOUILLO

On dit comme de la forêt : « C'est une caverne de brigands », et souvent l'on n'a pas tort.

FÉROCINETTO

Comme tu dis ! Mais quand on voit une auberge, il ne vient à l'idée de personne de dire : « C'est une auberge de brigands. »

ESCRABOUILLO

Surtout quand on voit à la porte la figure bête et naive de Guignol qui est connu dans le pays pour être le plus honnête homme du monde.

FÉROCINETTO

C'est bien cela qui m'a décidé ! Alors, j'ai dit à ce brave Guignol : « — Tu me demandes la vie, je ne l'ai donnée encore à personne... »

ESCRABOUILLO

Tu n'as pas d'enfants !

FÉROCINETTO

C'est vrai ! Mais je l'ai ôtée à bien d'autres... Eh bien, pour cette fois je te la laisse... A une condition, c'est que tu seras notre chef.

ESCRABOUILLO

Et il a accepté ?

FÉROCINETTO

Pas tout de suite ! Il avait des scrupules...

ESCRABOUILLO

Des scrupules, qu'est-ce que c'est que ça ?

FÉROCINETTO

Il disait qu'il ne savait pas le métier de chef de brigands. Je le lui ai appris en deux mots : Voler d'abord, tuer ensuite.

ESCRABOUILLO

Ça l'a effrayé !

FÉROCINETTO

Beaucoup ! Et j'avais déjà levé mon sabre ! Mais lui, qui tremblait de peur, me dit : « Voyons, voyons ! Laissez-moi réfléchir. Voler, ce n'est peut-être pas bien difficile, eh bien, je volerai... puisqu'il le faut, mais vous tuerez pour moi. »

ESCRABOUILLO

Et tu as accepté ?

FÉROCINETTO

Non pas ! Je lui ai dit qu'il fallait faire les deux opérations. Il a paru très perplexe, puis enfin il s'est décidé et m'a dit : « Eh bien, soit ! Seulement, j'ai peur des armes à feu, je ne sais pas m'en servir ; quant au sabre, je ne suis pas fort en escrime, je me ferais désarmer. Laissez-moi choisir l'arme que je connais. »

ESCRABOUILLO

Et quelle arme a-t-il choisi ?

FÉROCINETTO

Le vin !

ESCRABOUILLO

Le vin ?

FÉROCINETTO

Oui, le vin ! Et ça vaut bien nos pistolets et nos sabres, car tous ceux qui sont entrés ici sont tombés ivres-morts. Nous avons fait le reste. Je ne pouvais lui demander plus ! Aussi je me félicite d'avoir mis à notre tête un chef aussi précieux ; il nous facilite la besogne et son honnêteté reconnue nous met à l'abri de tout soupçon ! (*On entend le bruit d'une voiture.*) Une voiture ! Un voyageur ! Escrabrouillo, va le recevoir ; moi, je vais prévenir Guignol ! (*Escrabouillo sort.*)

SCÈNE II

FÉROCINETTO. GUIGNOL, *entrant par la gauche.*

FÉROCINETTO, *appelant Guignol.*

Guignol ! Guignol ! Allons, arrive ici ! Voici de l'ouvrage.

GUIGNOL

Qu'est-ce qu'il y a?

FÉROCINETTO

Il y a, capitaine, qu'il nous arrive une bonne aubaine ! Un voyageur vient nous demander l'hospitalité et tu sais comment il faut la donner.

GUIGNOL

Oui, je sais ! Mais cette fois-ci je voudrais bien m'en dispenser... J'ai une rage de dents... Oh ! mais une rage ! Je dois avoir la joue tout enflée.

FÉROCINETTO

Ah ! tu as une rage des dents ? Eh bien, je vais te la faire passer, tu entends ? Si le personnage qui va entrer tout à l'heure n'est pas ivre-mort dans dix minutes, c'est toi qui vas payer pour lui.

GUIGNOL

Ah ! mais non ! (*A part.*) Comment vais-je me tirer de là ?

FÉROCINETTO

Et pas de sensibilité, pas de supercherie, pas chercher à s'enfuir ! J'ai l'œil ! Tu entends : lui ou toi ! Sinon tous les deux ! Je ne vous perds pas de vue ! (*Il sort par la droite.*)

SCÈNE III

GUIGNOL, *seul.*

Oh ! Aïe ! aïe ! Encore une victime ! — Mon Dieu !

quand je me regarde au fond de ma propre conscience, je me trouve bien criminel! Car enfin j'ai beau retourner la question de tous les côtés, pour m'excuser, je dois toujours finir par avouer que je suis un affreux gredin. — Malgré moi! Oh! ça, malgré moi! Mais enfin, si je ne commets pas moi-même le crime, j'aide à le commettre, je le laisse commettre! C'est de la complicité. Et j'aurais tant de plaisir à dire à tous ces malheureux qui viennent ici comme des mouches dans une toile d'araignée: « Mais allez-vous-en donc! Ça n'est pas votre place ici! On va vous couper le cou! » Mais impossible! Je suis trop surveillé! La moindre imprudence me coûterait la vie! J'ai déjà essayé une fois de me sauver, mais ça n'a pas pris! Ah! les brigands! Pourtant je ne désespère pas!

VOIX *dans la coulisse de droite.*

Entrez, monsieur, par ici; le patron est là!

SCÈNE IV

GUIGNOL. GNAFRON, *entrant par la droite.*

GNAGRON, *parlant au dehors.*

Holà! holà! Ne me bousculez pas tant! Je le trouverai bien, votre patron! En attendant, ne dételez pas mon cheval, je ne reste ici qu'un moment. (*Il entre.*)

GUIGNOL, *à part.*

Je connais cette voix-là !

GNAFRON

Le temps de boire un bon coup et je repars ! Ah ! voilà l'aubergiste.

GUIGNOL, *à part.*

Ah ! bon sang de bon sang ! C'est Gnafron ! Je ne peux pas le laisser massacrer comme ça.

GNAFRON

Il ne m'a pas entendu entrer ! Eh ! dites donc, patron ! Du vin, et du bon.

GUIGNOL, *bas.*

Chut ! Tais-toi ! et va-t'en !

GNAFRON

Guignol ! Guignol ici ! Ah çà ! depuis quand es-tu marchand de vin ? Si j'avais su ça, je serais venu plus souvent te voir.

GUIGNOL, *bas.*

Je te dis de te taire, et puis parle bas et tourne-moi le dos. Il ne faut pas que j'aie l'air de causer avec toi.

GNAFRON

Pourquoi ? Puisque nous sommes de vieux amis.

GUIGNOL, *bas.*

Tais-toi, malheureux ! Tu es ici dans une caverne de brigands.

GNAFRON

Oh ! Aïe ! aïe ! Mais tu y es bien, toi.

GUIGNOL, *bas.*

J'y suis bien forcé ! Je suis leur chef !

GNAFRON

Tu es chef de brigands !

GUIGNOL, *bas.*

Plus bas, donc ! Oui, je suis chef de brigands malgré moi ! Si je n'avais pas consenti, j'étais mort !

GNAFRON

Oh ! Aïe ! aïe ! Mais alors ils vont me faire mon affaire !

GUIGNOL

C'est pourquoi je te dis de t'en aller bien vite !

GNAFRON

Je te crois ! Et ça ne va pas être long ? (*Il va à la porte de droite.*) Ah ! Elle est gardée ! Saperlantinette ! Tu m'as dit la vérité ! Voyons de ce côté. (*Il va à la porte de gauche.*) Gardée aussi ! Impossible de me sauver ! Ah ! les coquins ont bien pris leurs précautions ! Alors, je suis perdu !

GUIGNOL

Dame ! tu ne me parais pas dans de beaux draps.

GNAFRON

Comment faire ?

GUIGNOL

Je n'en sais trop rien ! C'est que moi aussi je suis surveillé.

GNAFRON

Tu ne vas pas me laisser égorger comme cela?

GUIGNOL

Oh ! je t'assure que je te regretterai bien.

GNAFRON

Ce n'est pas ça qui me rendra la vie ! Voyons, Guignol, cherche un peu...

GUIGNOL

Il y a peut-être bien un moyen.

GNAFRON

Parle ! Parle ! J'accepte tout pourvu que je ne sois pas assassiné.

GUIGNOL

Mais c'est un moyen terrible ! As-tu du cœur ?

GNAFRON

Pas beaucoup ! Mais j'en ai tout de même.

GUIGNOL

As-tu de la conscience !

GNAFRON

J'ai tout ce que tu voudras, mais parle donc !

GUIGNOL

Eh bien, le seul moyen de te sauver est de te faire brigand comme moi.

GNAFRON

Brigand ! Oh ! aïe ! aïe !... mais je n'ai jamais appris à être brigand !

GUIGNOL

Ça n'est pas difficile !

GNAFRON

Eh bien ! Je leur dirai que je veux être brigand.

GUIGNOL

Oh ! ça ne suffira pas ! Il faudra passer par les épreuves.

GNAFRON

Les épreuves ! Quelles épreuves ?

GUIGNOL

Voici ! Le premier voyageur qui passera, on te le donnera à tuer, et si tu t'acquittes bien de ta mission, on t'enrôlera dans la bande.

GNAFRON

Et tu as fait cela ? Toi ?

GUIGNOL

Il l'a bien fallu !

GNAFRON

Tu as tué un voyageur ?

GUIGNOL, *à part.*

Donnons-lui du cœur ! (*Haut.*) J'en ai tué dix-sept et, si tu ne consens pas, tu seras le dix-huitième.

GNAFRON

Quoi ! Tu aurais le courage de me tuer ?

GUIGNOL

Je n'en aurais pas le courage, mais je te tuerais tout de même pour sauver ma peau ! Et je te regretterais bien, va !

GNAFRON

Oh ! mais c'est affreux !

GUIGNOL

C'est comme cela ! Allons, choisis !

GNAFRON

Choisir ! Mais je n'ai pas le choix !

GUIGNOL

Alors, tu consens à être ma victime ?

GNAFRON

Ah ! mais non ! J'aime encore mieux être brigand !

GUIGNOL

Je crois que tu as raison. Eh bien, je vais avertir mes hommes que tu consens à passer l'épreuve. Mais ne va pas faiblir ! Le premier voyageur qui passera, c'est pour toi. (*Il sort par la droite.*)

SCÈNE V

GNAFRON, *seul.*

Oh ! mon Dieu ! En voilà une situation ! Comment vais-je m'en tirer ? Et pas moyen de me sauver ! Ici, c'est gardé, là aussi ! Je suis surveillé de tous côtés ! Je suis sûr qu'il y a des brigands partout, dans les meubles, derrière les fenêtres, sur ma tête, sous mes pieds ! Brrr ! J'en ai la chair de poule ! Et il va falloir que je tue quelqu'un, moi ! Gnafron, un si brave homme, qui n'ai jamais pu saigner un poulet et qui n'ai cassé le cou qu'à des bouteilles ! Je ne saurai jamais m'y prendre ! Que faire ? — Oh ! voici quelqu'un, c'est sans doute un brigand ; tenons-nous bien.

SCÈNE VI

GNAFRON. FÉROCINETTO, *entrant par la droite.*

FÉROCINETTO

Bonjour, l'ami ! (*A part.*) Oh ! il a une bonne tête de brigand ! (*Haut.*) Ainsi vous voulez être des nôtres, d'après ce que vient de me dire le capitaine.

GNAFRON, *à part.*

Allons ! N'ayons pas l'air de rechigner, il y va de ma peau ! (*Haut.*) Mais oui, camarade, il paraît que c'est un bon métier.

FÉROCINETTO

Mais oui ! Il rapporte assez, mais il ne faut pas s'endormir.

GNAFRON

Alors on ne dort pas dans le métier de brigand ?

FÉROCINETTO

Je veux dire qu'il ne faut pas être fainéant ! D'abord on ne doit pas être sensible ; si on écoutait les voyageurs qui vous demandent grâce, on ne ferait pas d'affaires. Il faut être fort et courageux.

GNAFRON, *tremblant.*

Oh ! moi, je suis fort et courageux ! Je n'ai pas peur ! (*A part.*) Mon Dieu, que je voudrais m'en aller !

FÉROCINETTO

Nous verrons bien ! Vous n'avez pas de sabre ; avez-vous un poignard ?

GNAFRON

Un poignard. (*A part.*) Je n'ai pas même un couteau ! (*Haut.*) Oui, j'en ai un, mais je l'ai oublié chez moi.

FÉROCINETTO

On ne quitte jamais son poignard ! Enfin, vous trouverez dans ce buffet un couteau de cuisine, cela suffira.

GNAFRON

Oui ! oui ! Cela suffira ! (*A part.*) Je n'oserai jamais m'en servir.

FÉROCINETTO

Eh bien, je vois que vous êtes décidé. J'espère que nous n'aurons pas à nous repentir de vous avoir engagé parmi nous ! (*Roulement de voiture.*) Justement voici un voyageur qui nous arrive, je vais aller le recevoir et vous l'envoyer. (*Il sort par la droite.*)

SCÈNE VII

GNAFRON, *seul.*

Allons ! le moment est venu ! Comment me tirer de là ! Si je tue le voyageur, je suis un assassin, et si je ne le tue pas, je suis assassiné ! En voilà une situation ! Jamais je n'aurai le courage de tuer quelqu'un ! Je saurai bien lui donner une tripotée de coups de bâton, ça ne serait pas la première fois ! Mais lui percer le cœur avec un couteau, je ne m'y résoudrai jamais. Il faut que je me décide à quelque chose, l'étranger va venir et l'on me surveille ! — Ah ! j'ai une idée ! Guignol connaît déjà le métier, il m'a dit qu'il en avait déjà tué dix-sept ; un de plus, ça ne lui fera rien ! Il pourra bien se charger de cette besogne pour moi. C'est un ami ; entre amis on se rend service. Je vais l'appeler ! Guignol ! Guignol !

SCÈNE VIII

GNAFRON. GUIGNOL, *entrant par la droite.*

GUIGNOL

Que me veux-tu ? Tu fais un bruit du diable ! Et puis tu m'appelles par mon nom, c'est compromettant. Ici je me nomme le capitaine.

GNAFRON

Bien, capitaine !

GUIGNOL

C'est cela !

GNAFRON

Es-tu mon ami ?

GUIGNOL

Tu le sais bien que je suis ton ami, puisque je t'ai donné le moyen de sauver ta vie.

GNAFRON

Quand on a un ami, on ne lui refuse rien, n'est-ce pas ?

GUIGNOL

Certainement, après.

GNAFRON

Eh bien, un voyageur vient de descendre à l'auberge.

GUIGNOL

Je le sais bien. Mais ce n'est pas un voyageur, c'est une voyageuse.

GNAFRON

Une voyageuse ! Une femme, et il faudra que je...

GUIGNOL

Comme les autres ! Eh bien, après ?

GNAFRON

Eh bien, mon bon Guignol, rends-moi le service

de l'escoffier à ma place. Tu serais bien gentil ! Qu'est-ce que ça te fait ? Tu en as déjà tué dix-sept ! Une victime de plus ce n'est pas une affaire !

GUIGNOL

Moi ! Ah ! mais, ça n'est pas possible !

GNAFRON

Ne dis pas cela ! Fais ça pour moi, mon ami Guignol !

GUIGNOL

Non, vrai ! Je ne peux pas ! Si j'étais vu, je risquerais trop.

GNAFRON

Bon sang de bon sang ! Et dire que je ne puis pas me sauver ! Si encore je pouvais me cacher quelque part, ça retarderait...

GUIGNOL

Attends donc, tu me donnes une idée !

GNAFRON, *avec joie.*

Ah ! dis un peu.

GUIGNOL

Mais est-ce vraiment une idée ? C'est bien dangereux !

GNAFRON

Dis toujours !

GUIGNOL

C'est que ça ne te sauve pas tout à fait ; mais enfin,

puisque tu ne veux pas consentir à jouer le rôle de brigand, ça retarde ton exécution.

GNAFRON

Eh bien, j'aime mieux ça ! Mais dépêche-toi donc de me dire où je puis me cacher.

GUIGNOL

Eh bien, là, sous tes pieds. Dans la cave !

GNAFRON

Dans une cave ! Mais c'est le Paradis !

GUIGNOL

Voyez-vous l'ivrogne ! Il a déjà oublié le péril qu'il court ! Mais, mon pauvre Gnafron ! la cave ne te met en sûreté que pour un moment ; on y descend à chaque instant et à coup sûr on t'y trouvera.

GNAFRON

Oh ! je me cacherai bien, et puis je boirai un coup, car j'ai la gorge sèche, tu n'en as pas d'idée ! Et où est-elle, la cave ?

GUIGNOL, *levant la trappe.*

Là ! A tes pieds ! Regarde !

GNAFRON

Je ne regarde pas ! Je descends, c'est plus sûr ! Ferme la trappe ! (*Il se précipite dans la cave.*)

GUIGNOL, *fermant la trappe.*

C'est reculer pour mieux sauter ! Mais enfin, il aura le temps de se repentir de ses péchés ! (*Vive-*

ment.) Mais saperlantinette ! Avec mon bon cœur, je viens de faire une sottise qui peut me coûter cher ! Si on ne le voit plus, on va dire que je l'ai laissé échapper et c'est moi qui payerai pour lui ! Ah ! mon pauvre Guignol, que tu es bête ! Maintenant qu'il se croit à l'abri, il ne voudra plus sortir ! Comment faire ! Ah ! si j'étais bête tout à l'heure, je le suis encore bien plus maintenant ! J'ai trouvé ! — Comment n'y avoir pas pensé plus tôt ! — J'ai trouvé, non seulement le moyen de le faire évader, mais encore de me sauver moi-même ! Ne perdons pas de temps ! (*Il lève la trappe.*) Gnafron ! Gnafron !

GNAFRON, *dans la cave.*

Qu'est-ce que tu veux ?

GUIGNOL

Es-tu bien caché ?

GNAFRON

Oui ! Derrière un tonneau, du côté de la cannelle.

GUIGNOL

Ne t'avise pas de boire, malheureux ! Le vin est empoisonné !

GNAFRON

Bigre !...

GUIGNOL

Regarde à droite ; vois-tu un soupirail ?

GNAFRON

Oui ! Je le vois !

GUIGNOL

Eh bien, il donne sur la campagne, derrière l'auberge ; quand tous les camarades seront d'un autre côté, je te chanterai un petit air, ce sera le signal pour prendre l'air aussi, toi ; tu tâcheras de passer par le soupirail et tu iras chercher les gendarmes ; as-tu compris ?

GNAFRON

Je te crois que j'ai compris ! Chante tout de suite !

GUIGNOL

Pas encore, on te pincerait !

GNAFRON

Dis donc, Guignol, mais si je vais chercher les gendarmes, ils te prendront avec les autres.

GUIGNOL

Ça c'est mon affaire ! Ne crains rien, je saurai m'en tirer ! En attendant, ouvre bien l'oreille et fais comme je te dis !

GNAFRON

As pas peur ! C'est convenu !

GUIGNOL, *fermant la trappe.*

Et maintenant je vais jouer le tout pour le tout ! Je me disais aussi : « Mon vieux Guignol, est-ce que ta caboche est fêlée que tu n'y trouves plus rien ! » Non ! non ! je me réveille ! Messieurs les brigands n'ont qu'à bien se tenir !

RIDEAU

ACTE SECOND

Même décor.

SCÈNE PREMIÈRE

GUIGNOL, *puis* FÉROCINETTO *entrant par la gauche.*

GUIGNOL

Je suis bien étonné que Férocinetto ne nous ait pas envoyé le voyageur qui vient d'arriver tout à l'heure! On n'a pas coutume ici de faire grâce, il a dû arriver quelque chose. Interrogeons Férocinetto. (*Appelant.*) Férocinetto !

FÉROCINETTO

Me voici, capitaine; que voulez-vous?

GUIGNOL

Ce que je veux! Tu le demandes! Mais je veux que tu m'envoies le voyageur qui vient d'arriver.

FÉROCINETTO

Ah! la comtesse.

GUIGNOL

C'est une comtesse et vous l'avez laissé échapper?

FÉROCINETTO

Ah! pour cela non!

GUIGNOL

Eh bien! où est-elle?

FÉROCINETTO

Elle se repose dans la chambre du premier.

GUIGNOL

Et pourquoi ne pas l'avoir envoyée ici, comme d'habitude?...

FÉROCINETTO

Mais au fait, où est donc le voyageur qui devait passer son épreuve de brigand?

GUIGNOL

Il est bien temps de me le demander.

FÉROCINETTO

Il s'est échappé!

GUIGNOL

Il n'aurait plus manqué que cela! Je me suis aperçu qu'il nous trompait, il voulait s'enfuir; alors je lui ai fait son affaire.

FÉROCINETTO, *à part.*

Peste! Il y prend goût, le capitaine! (*Haut.*) Et où est-il?

GUIGNOL

J'ai jeté son cadavre dans la cave. Quand il fera

nuit, nous le porterons dehors! Mais il ne s'agit pas de cela. La comtesse, pourquoi ne l'avoir pas conduite ici?

FÉROCINETTO, *hésitant.*

C'est que... elle était fatiguée, et alors...

GUIGNOL

Tu mens! Ah! vous voulez tromper votre capitaine! Prenez garde!

FÉROCINETTO

Mais non! mais non!

GUIGNOL

Assez! Je devine tout! La comtesse a des bijoux, des diamants, vous vouliez faire le coup tout seuls Escrabouillo et toi, afin de vous en emparer et de ne pas nous donner notre part. Je devine tout, moi! Eh bien, mes gaillards, il est heureux pour vous que vous n'ayez pas été jusqu'au bout; je vous aurais fait voir que je ne me laisse pas tromper ainsi! Allez-moi chercher la comtesse que je lui fasse son affaire!

FÉROCINETTO

Bien capitaine! (*A part.*) Eh bien, il y va bien, le capitaine. Il est plus féroce que nous! (*Il sort par la gauche.*)

SCÈNE II

GUIGNOL

Il n'y avait qu'un moyen d'éloigner leurs soupçons, c'était de me montrer véritablement leur chef en ayant l'air d'être plus cruel qu'eux. C'est un jeu dangereux, mais je compte sur mon adresse pour m'en tirer. En me faisant amener ici cette femme, tout d'abord j'empêche un crime, puis j'ai songé que pour l'évasion elle pourrait être utile à Gnafron; à deux, il leur sera plus facile d'atteindre le soupirail et de se sauver. En supposant même qu'elle ne puisse pas suivre Gnafron, son évasion fera peur aux brigands, qui, craignant les gendarmes, chercheront plutôt à se mettre à l'abri qu'à commettre un nouveau crime. Oui! je crois avoir bien calculé.

SCÈNE III

GUIGNOL. LA COMTESSE, *entrant par la gauche.*

LA COMTESSE, *très exubérante.*

Mais que me veut-on? Qu'est-ce que ça signifie? On ne peut donc pas me laisser me reposer en paix? Moi, la comtesse de Belle-Encolure! La plus riche propriétaire du pays! Mais je payerai ce qu'on voudra pourvu qu'on me laisse en repos!

GUIGNOL

Pas si haut! madame! Et surtout ne parlez pas d'argent ici.

LA COMTESSE

Mais que me voulez-vous? Pourquoi me déranger?

GUIGNOL, *bas.*

Pour vous sauver!

LA COMTESSE

Ponr me sauver! Il y a donc du danger ici? Où suis-je?

GUIGNOL, *bas.*

Dans un repaire de brigands.

LA COMTESSE

O ciel! Je suis perdue! Sauvez-moi! Sauvez-moi, monsieur.

GUIGNOL

C'est pour vous sauver que je vous ai fait venir; mais surtout ne criez pas!

LA COMTESSE

Ne pas crier, quand on va m'assassiner! Au secours! Au secours!

GUIGNOL

Voulez-vous bien vous taire! Si vous criez, les brigands vont venir et ils vous tueront.

LA COMTESSE

Ils me tueront! O mon Dieu! mais je ne veux pas, je ne veux pas!

GUIGNOL

Voyons! ne criez pas! Calmez-vous et écoutez-moi...

LA COMTESSE

Me calmer! Dans ce moment! Enfin! je vous écoute; que faut-il faire?

GUIGNOL, *levant la trappe.*

Ceci est la cave! Cachez-vous là-dedans.

LA COMTESSE

Vous me trompez! Vous voulez m'assassiner! Descendre dans ce trou, jamais!

GUIGNOL

Voulez-vous vous taire! Et descendre au plus vite!

LA COMTESSE

Jamais! Non! Ah! je meurs de peur!

GUIGNOL

Si vous ne descendez pas, je vais employer la force.

LA COMTESSE

Ah! mon Dieu! Vous oseriez? Une faible femme!

GUIGNOL

Il n'y a pas de faible femme qui tienne! Dépêchez-vous!

LA COMTESSE

Dans une cave! Oh! non! non!

GUIGNOL

Une fois!

LA COMTESSE

Grâce! grâce!

GUIGNOL

Deux fois !

LA COMTESSE

Monsieur ! Je vous en prie...

GUIGNOL

Trois fois ! Allons !

LA COMTESSE

Oh ! ne me touchez pas ! Je crie... j'appelle... au secours !

GUIGNOL, *poussant la comtesse dans la cave.*

Vous l'aurez voulu ! Ah ! j'ai bien de la peine à vous sauver la vie ! (*Appelant.*) Tiens ! Gnafron ! je t'envoie de la société ! Tu emmèneras cette dame avec toi ! N'oublie pas le signal et les gendarmes ! (*Il referme la trappe.*) Il était temps !

SCÈNE IV

GUIGNOL. FÉROCINETTO, *entrant par la gauche.*

FÉROCINETTO

Eh bien ! qu'est-ce qu'il y a donc? J'ai entendu des cris.

GUIGNOL

Dame ! on ne se laisse pas égorger sans crier

FÉROCINETTO

Alors elle est... (*Geste.*)

GUIGNOL

Parfaitement! Ah! elle ne voulait pas se laisser faire! Mais j'ai employé des arguments qui lui ont coupé le sifflet!

FÉROCINETTO

Et où est-elle! Qu'en as-tu fait?

GUIGNOL

Elle est allée rejoindre l'autre, dans la cave!

FÉROCINETTO

Et tu es sûr qu'elle est bien morte?

GUIGNOL

Je t'en réponds! Quand on passe par mes mains, on ne parle plus.

FÉROCINETTO

Bravo, capitaine! Ah! combien je me félicite de t'avoir mis à notre tête! Tu ne voulais pas. Eh bien, vois! tu marches tout seul maintenant.

GUIGNOL

Seulement, cette besogne-là m'a mis en appétit. Je mangerais bien un morceau.

FÉROCINETTO

Rien de plus facile, et tu boirais bien un coup?

GUIGNOL

Et même deux! Mais je n'aime pas à être tout seul à table: tu vas me tenir compagnie.

FÉROCINETTO

Et qui est-ce qui fera sentinelle à la porte?

GUIGNOL

Escrabouillo n'est-il pas là? Quand tu auras fini de manger, tu le remplaceras et il viendra dîner à son tour!

FÉROCINETTO

C'est dit! Je mets la table. (*Il met la table et les assiettes et les verres.*)

GUIGNOL

Et moi, je vais prendre le vin; j'ai toujours une provision de bouteilles dans le buffet. (*A part.*) Tu ne t'attends pas à ce que je vais mettre dans la tienne. (*Il va dans le buffet et rapporte deux bouteilles.*)

FÉROCINETTO

Allons, tout est prêt, nous pouvons nous mettre à table. (*Ils se mettent à table.*)

GUIGNOL

Voici ta bouteille et voici la mienne. Buvons d'abord, ça ouvre l'appétit!

FÉROCINETTO

Moi, je bois à même la bouteille! C'est plus frais!

GUIGNOL

Comme tu voudras! (*A part.*) Tu ne boiras pas tout, va!

FÉROCINETTO

Hum! c'est chaud! Ça fait du bien! Il a un petit goût que je n'avais pas remarqué.

GUIGNOL

C'est du vieux! du bon! On appelle ça un goût de terroir!

FÉROCINETTO

De terroir! Voyons donc? (*Il boit encore.*) Oui! on dirait un goût de... un goût!... enfin un bon goût... Ah!

GUIGNOL

Quoi!

FÉROCINETTO

Oh! mais il est bon! Mais, ah! tout tourne! Toi aussi! Pourquoi tournes-tu comme ça? Tu m'étourdis... Ah! Guignol... ah! ah! ça brûle!

GUIGNOL, *à part.*

Ce qui brûle, mon vieux, c'est la bonne petite drogue que j'ai mise dedans!

FÉROCINETTO

C'est drôle! ça me fait un effet... ça me donne envie de dormir! Oui! je... je... je vais dormir un peu... Tu permets?... (*Il s'endort et ronfle.*)

GUIGNOL

Eh bien, ça n'a pas été long! J'avais mis dans sa bouteille de l'absinthe et de l'opium; il est ivre-mort et n'est pas prêt de se réveiller! Mettons-le dans un coin pendant que je vais finir mon repas avec l'autre. (*Il porte Férocinetto sur le côté gauche du théâtre.*) C'est ça! Maintenant dépêchons-nous! (*Appelant.*) Escrabouillo! Escrabouillo!

SCÈNE V

GUIGNOL. ESCRABOUILLO, *entrant par la droite.*

ESCRABOUILLO

Vous m'appelez, capitaine?

GUIGNOL

Oui, mon garçon! Voici assez longtemps que tu es de faction ; tu dois avoir besoin de te refaire un peu.

ESCRABOUILLO

A dire vrai, capitaine, je sens que j'ai l'estomac assez creux, mais je ne puis pas quitter mon poste.

GUIGNOL

Non! Mais avec la fringale que tu as, tu n'aurais pas la force de te défendre si l'on t'attaquait. Je vais te faire remplacer. Férocinetto, qui vient de faire un bon repas, va prendre ta place.

ESCRABOUILLO

Ah! comme ça, je ne dis pas! Où est-il donc?

GUIGNOL

Le voilà! Il fait un petit somme. Assieds-toi et mange. Moi, je vais le réveiller (*Allant à Férocinetto*). Hé! camarade! En faction, à ton tour! (*A part.*) Il a son compte! (*Il le prend et le porte dehors par la gauche.*) Allons! réveille-toi un peu! — Le voilà placé! Nous ne serons pas surpris.

ESCRABOUILLO, *assis et mangeant.*

Du reste, les camarades qui sont en tournée ne vont pas tarder à revenir! Sapristi, que j'avais faim!

GUIGNOL

Ne t'étouffe pas! bois un coup! Tiens! voilà la bouteille!

ESCRABOUILLO

Merci, capitaine! Moi je ne bois que de l'eau.

GUIGNOL

Comme les grenouilles!

ESCRABOUILLO

Peut-être! Mais je ne veux pas me griser.

GUIGNOL

Tu n'es donc pas un homme? Tu vas me faire le plaisir de boire tout de suite cette bouteille de vin.

ESCRABOUILLO

Je vous dis, capitaine, que je ne veux pas me griser!

GUIGNOL

Et moi, je te dis que tu vas boire.

ESCRABOUILLO

Oh! pour ça, non!

GUIGNOL

Tu ne veux pas boire? Eh bien, je saurai bien t'y forcer.

ESCRABOUILLO

Ah ! mais n'approchez pas, ou je me sers de mes armes,

GUIGNOL, *prenant son bâton.*

Tes armes ! Ce sont des joujoux à côté de mon bâton. (*Il le bat.*) Veux-tu boire ?

ESCRABOUILLO, *se défendant avec son sabre.*

Tiens ! Pare celui-là !

GUIGNOL

Et toi celui-ci ! (*Il le bat et finit par lui donner une râclée qui le fait tomber sans connaissance.*) Es-tu content ? (*Il le retourne sur la planche.*) Il ne bouge plus ! Ce n'est pas lui qui peut nous gêner maintenant. Férocinetto est dans le même état. Les camarades doivent être encore loin, ne perdons pas de temps ! Le signal ! (*Il chante.*)

Bon voyage, monsieur Dumollet,
Tra la la la la la la la la lère !... etc.

Gnafron doit avoir entendu ; il part maintenant avec la comtesse ; à mon tour ! il n'est temps que de filer... Passons par la cuisine, c'est plus prudent. (*Il sort par la gauche.*)

SCÈNE VI

ESCRABOUILLO *étendu.* FÉROCINETTO *entre en chancelant par la gauche.*

FÉROCINETTO

Ah çà ! mais qu'est-ce que j'ai donc eu ? Est-ce

que je me serais grisé? Je ne me rappelle plus! Comment se fait-il que j'étais dehors, à la porte? Je n'étais pourtant pas de garde! Et Guignol, où est-il? Je ne le vois pas. Est-ce qu'il m'aurait joué le tour de me griser comme les autres voyageurs? Peut-être bien! Pour s'enfuir! Mais Escrabouillo l'aurait arrêté! Au fait, où est-il donc, Escrabouillo? Ah! mais il se passe quelque chose ici! (*Appelant.*) Escrabouillo! Escrabouillo! Ah! mon Dieu! le voici, couché tout de son long. (*Il va le secouer.*) Eh bien! qu'est-ce que tu as?

ESCRABOUILLO, *se ranimant.*

Ce que j'ai! Je suis assommé!

FÉROCINETTO

Tu t'es grisé! malheureux! Je t'avais défendu de boire.

ESCRABOUILLO

Ah! J'aurais mieux fait de boire! Guignol ne m'aurait pas mis dans cet état-là!

FÉROCINETTO

Comment! c'est Guignol qui t'a rossé ainsi! Ah! le pendard! Il s'est joué de nous! Mais où est-il?

ESCRABOUILLO

Tu dois le savoir! Il est parti, puisque tu l'as laissé passer!

FÉROCINETTO

Moi! je ne l'ai pas vu!

ESCRABOUILLO

Si tu ne l'as pas vu, c'est que tu dormais, et si tu dormais, c'est qu'il t'avait fait boire; avoue-le.

FÉROCINETTO

J'avoue que j'ai bu un peu, mais pas assez pour être étourdi comme je l'étais ; il aura mis quelque drogue dans le vin.

ESCRABOUILLO

En tout cas, si Guignol n'est pas là, c'est qu'il est parti.

FÉROCINETTO

Et s'il est parti, nous n'avons qu'à en faire autant, et vite! Car il aura été tout droit avertir les gendarmes et nous allons être pincés.

ESCRABOUILLO

Comme tu dis! Alors, filons!

FÉROCINETTO

C'est ça, filons! (*Ils vont pour sortir et s'arrêtent.*) Entends-tu?

ESCRABOUILLO

Quoi?

FÉROCINETTO

Des hommes qui marchent, des bruits de fusils.

ESCRABOUILLO

Ce sont nos camarades qui rentrent.

FÉROCINETTO, *allant voir à la porte.*

Non! Ce sont les gendarmes! Nous sommes

perdus! Impossible de nous sauver, la maison est entourée. Nous n'avons plus qu'à nous cacher.

ESCRABOUILLO

Oui, nous cacher! mais où ça?

FÉROCINETTO

Il y a bien le grenier, mais ils nous verraient y monter. Ah! la cave!

ESCRABOUILLO

C'est ça, la cave! (*Il lève la trappe.*) Derrière les tonneaux, on ne nous verra pas! Allons, suis-moi et laisse retomber la trappe.

FÉROCINETTO

Ah! Guignol! Si je te repince, tu me le payeras! (*Il descend dans la cave et laisse retomber la trappe.*)

SCÈNE VII

GUIGNOL, UN GENDARME

GUIGNOL

C'est ici! Vous avez bien mis des sentinelles partout?

LE GENDARME

Partout! Et les hommes sont en train de visiter les chambres.

GUIGNOL

Oh! ils ne seront pas là! Ils n'ont pas pu se sauver auparavant non plus. Il y en a un qui est ivre-mort et l'autre à moitié assommé. Ils vous auront vus venir et ils se seront cachés! Ils ne peuvent être qu'à la cave; là, ils seront pris comme dans une souricière. Le soupirail est-il gardé ?

LE GENDARME

Il y a un homme de chaque côté.

GUIGNOL

Bien! Vous, placez-vous dans la cuisine de ce côté. Quand je vous appellerai, vous viendrez me prêter main-forte.

LE GENDARME, *sortant par la gauche.*

Sufficit!

SCÈNE VIII

GUIGNOL, *puis* FEROCINETTO

GUIGNOL

Ils sont là! J'en suis sûr! Si nous descendions à la cave, ils se défendraient et pourraient commettre encore quelque crime ; il vaut mieux y aller en douceur. (*Il lève la trappe.*) Ohé! Férocinetto! Escrabouillo! Où êtes-vous? Nous sommes trahis. Je viens vous chercher pour partir avec moi! Les gendarmes sont dans la maison ; ils n'ont pas mis de sentinelle à la porte, nous pouvons encore nous sauver par là. Venez!

FÉROCINETTO, *montrant sa tête.*

Dis-tu vrai ? Tu nous trompes encore.

GUIGNOL

Moi! Tu vois, je suis seul ici. Allons, viens, dépêche-toi.

FÉROCINETTO

Tu me trompes! Et où étais-tu donc tout à l'heure?

GUIGNOL

Moi! Tiens! le vin m'avait monté à la tête, comme à toi, et j'étais allé me jeter sur mon lit! Du reste, si tu ne me crois pas, reste, bonsoir! moi, je me sauve!

FÉROCINETTO

Allons, je me risque. (*Il sort de la cave.*) Et Escrabouillo...

GUIGNOL, *fermant la trappe.*

Ah! tant pis pour lui, il n'avait qu'à te suivre.

FÉROCINETTO

Eh bien, filons, maintenant...

GUIGNOL

C'est ça, filons! (*Il prend son bâton.*) Mais auparavant nous avons un compte à régler ensemble. (*Coups de bâton.*) Tiens! Je ne t'ai jamais remercié de m'avoir nommé capitaine! Voilà mon remerciement!

FÉROCINETTO

Ah! gredin! Ah! traître!

GUIGNOL, *le battant.*

Je ne t'ai jamais remercié de m'avoir appris le métier de brigand! Tiens! tiens! tiens! Attrape ça!

FÉROCINETTO

Aïe! aïe! aïe!

GUIGNOL, *bastonnade.*

Et pour que tu ne l'apprennes pas à d'autres, tiens! le coup de grâce! Cette fois, tu ne te relèveras plus! (*Il le tue.*) Et d'un! Maintenant, à l'autre.

SCÈNE IX

GUIGNOL, *puis* ESCRABOUILLO

GUIGNOL, *levant la trappe.*

Escrabouillo! Escrabouillo!

ESCRABOUILLO, *dans la cave.*

Qui m'appelle?

GUIGNOL

C'est moi! Guignol! Je viens te demander pardon! J'ai été trop vif. Mais je ne t'en veux pas, et la preuve c'est que je viens t'avertir que les gendarmes sont dans la maison! Sors vite! Nous allons filer ensemble.

ESCRABOUILLO, *montrant la tête.*

Dis-tu la vérité? C'est que je suis bien malade! j'ai tous les membres brisés! Ah! tu m'as joliment arrangé.

GUIGNOL

Pourquoi aussi ne voulais-tu pas boire? Allons, allons! Dépêche-toi de sortir de la cave! Attends, je vais t'aider. (*Il le tire de la cave et ferme la trappe.*)

ESCRABOUILLO

Aïe! aïe! Je n'ai pas une seule partie du corps qui ne soit sensible.

GUIGNOL

Beaucoup plus sensible que ton âme, n'est-ce pas?

ESCRABOUILLO

Ah! je t'en réponds! Je ne sais pas comment je vais faire pour me sauver.

GUIGNOL

Dame, si tu ne peux pas courir, reste là.

ESCRABOUILLO

Mais si je reste ici, ils me prendront.

GUIGNOL

C'est bien possible!

ESCRABOUILLO

Comment faire?

GUIGNOL

J'ai un moyen! Tu as confiance en moi, n'est-ce pas?

ESCRABOUILLO

Oui! oui!

GUIGNOL

Eh bien! je t'assure qu'ils ne te prendront pas vivant.

ESCRABOUILLO

Que vas-tu faire?

GUIGNOL

Voilà ce que je vais faire! Tiens! (*Il bat Escrabouillo qui crie, et finit par le tuer, puis il le roule avec son bâton.*) Tu vois que je remplis bien ma promesse. On ne te prendra pas vivant! Ouf! je respire un peu maintenant. Prévenons le gendarme. Hé? gendarme!

SCÈNE X

LES MÊMES, LE GENDARME

LE GENDARME

Vous m'avez appelé?

GUIGNOL, *montrant les deux brigands.*

Voilà votre besogne faite! Emportez-moi ces deux gaillards-là.

LE GENDARME

Je veux bien! Je dirai que je les ai tués moi-même, ça me vaudra de l'avancement!

GUIGNOL

Si vous voulez! allez! (*Le gendarme emporte les deux brigands et sort.*)

SCÈNE XI

GUIGNOL, *puis* GNAFRON *entrant par la droite.*

GUIGNOL

Si je n'avais pas sauvé la vie à Gnafron, tout cela ne serait pas arrivé et je serais encore chef de brigands malgré moi ! Mais, où est-il ce brave ami? Il avait pourtant tenu à accompagner les gendarmes.

GNAFRON, *entrant.*

Guignol! Guignol ! Où es-tu ? Ah ! te voilà ! Que je t'embrasse! Tu m'as sauvé la vie.

GUIGNOL

Et toi aussi, vieux! (*Ils s'embrassent.*)

GNAFRON

Maintenant, c'est pas tout ça! Je meurs de soif! Tu comprends que j'ai joliment souffert de ne pas pouvoir boire au milieu des tonneaux derrière lesquels j'étais caché.

GUIGNOL

Et tu as bien fait, car tu serais escoffié à l'heure qu'il est! Eh bien, mon vieux, donne-moi le bras ; nous allons aller nous régaler à la ville, car il ne fait pas bon de boire le vin de l'auberge du « Mouton enragé ! » (*Ils se donnent le bras et sortent en chantant.*)

RIDEAU

INDICATIONS

DÉCOR

Premier et second actes. — Une auberge (rustique). Portes à droite et à gauche. Sur la planchette du devant on fixe avec des charnières une petite trappe qui retombe en dedans. Quand on ouvre la cave, la planchette reste droite.

COSTUMES

GUIGNOL, costume traditionnel.
FÉROCINETTO, costume de brigands.
ESCRABOUILLO, id. id.
GNAFRON, costume traditionnel.
LA COMTESSE, marquise.
UN GENDARME, costume traditionnel.

ACCESSOIRES

Au second acte, buffet accroché à la coulisse de gauche. — Table sur la tablette. — Assiettes, verres, deux bouteilles, bâton. Pour le bruit de voiture on fera rouler par terre une bouteille.

Pour jouer cette pièce seul, placement des personnages.

	MAIN GAUCHE	MAIN DROITE
	ACTE PREMIER	
Scène I.	Férocinetto	Escrabouillo.
— II.	Férocinetto	Guignol.
— III.	. . . .	Guignol.
— IV.	Gnafron.	Guignol.
— V.	Gnafron.	
— VI.	Gnafron.	Férocinetto.
— VII.	Gnafron.	
— VIII.	Gnafron.	Guignol.
	ACTE II	
— I.	Férocinetto	Guignol.
— II.	. . . .	Guignol.
— III.	La Comtesse	Guignol.
— IV.	Férocinetto	Guignol.
— V.	Escrabouillo (Férocinetto évanoui).	Guignol.
— VI.	Férocinetto.	Escrabouillo.
— VII.	Un Gendarme.	Guignol.
— VIII.	Férocinetto	Guignol.
— IX.	Escrabouillo.	Guignol.
— X.	Le Gendarme	Guignol.
— XI.	Gnafron.	Guignol.

V

LA JEUNESSE DE GUIGNOL

V

LA JEUNESSE DE GUIGNOL

PARADE EN UN ACTE

Personnages :

TAUPIN, marchand de balais.
MADAME TAUPIN.
GUIGNOL, leur domestique.
GNAFRON, savetier.
MADELON, sa fille.
LAPLUME, clerc.
UN GENDARME.

Dans une rue, le soir. — A droite, boutique de Taupin. — A gauche, boutique de Gnafron.

SCÈNE PREMIÈRE

MADAME TAUPIN, *sur le seuil de sa porte.*

Il est déjà neuf heures et il ne revient pas! Ah! l'ivrogne! Il est encore, j'en suis sûre, à courir les cabarets ! Si c'est permis ! Un homme établi, patenté ! Le premier marchand de balais de la ville ! Être toujours entre deux vins ! Ah ! monsieur Taupin ! Tu me le payeras ! Et si tu n'as pas de bonnes excuses à me donner, tu vas voir la soupe que je vais te tremper ! (*Elle regarde au fond.*) Dieu me pardonne ! Le voilà ! Et dans quel état ! Il ne tient pas debout.

SCÈNE II

MADAME TAUPIN, TAUPIN *portant un paquet de balais.*

MADAME TAUPIN

Enfin, te voilà ! C'est pas malheureux ! D'où que tu viens comme ça ?

TAUPIN

D'où que je reviens ? Je reviens de faire une bonne affaire

MADAME TAUPIN

Je la connais, ta bonne affaire ! Tu reviens de chez le marchand de vins.

TAUPIN

Dame ! c'est là où se font les affaires... et les bonnes ! Regarde un peu ces balais ?

MADAME TAUPIN

Eh bien, qu'est-ce qu'ils ont, ces balais ?

TAUPIN

Ce qu'ils ont ? On voit bien que tu ne t'y connais pas ! Ces balais-là, vois-tu, ce sont des balais...

MADAME TAUPIN

Je le vois bien !

TAUPIN

Mais ce sont des balais de première qualité...

MADAME TAUPIN

Et le vin que tu as bu, était-il aussi de première qualité ? Ivrogne !

TAUPIN

Là ! Là ! Pas de gros mots, s'il vous plaît, madame Taupin ! Autrement, je vais vous faire faire connaissance avec mes balais ! Alors vous pourrez vous convaincre qu'ils sont comme je dis.

MADAME TAUPIN

Et qu'est-ce qu'ils coûtent, ces balais ?

TAUPIN

Ah ! voilà ! Ils ne me coûtent pas cher, va ! Je les ai eus pour rien !

MADAME TAUPIN

Pour rien ! Tu les a volés ?

TAUPIN

Madame Taupin, ce soupçon est une injure ! Non, je ne les ai pas volés, je les ai gagnés !

MADAME TAUPIN

Je voudrais bien savoir comment ?

TAUPIN

Voici comme ça s'est fait, et tu vas voir si j'ai raison d'aller chez le marchand de vins!

MADAME TAUPIN

Tu conviens donc que tu y es allé?

TAUPIN

Puisque je te dis que c'est là que je fais mes affaires! — J'étais donc chez le marchand de vins, quand arrive un bonhomme de la campagne qui vendait des balais. Comme je n'en ai plus en magasin, je me dis : « Voilà mon affaire! » Je regarde la marchandise, et, la trouvant bonne, je me mets à la marchander. Nous convenons de prix, et pour terminer le marché, j'offre un verre de vin. Ça se fait toujours! Voilà mon homme qui me dit : « Vous n'êtes pas généreux! — Comment ça, pas généreux? — Dame, oui; moi, je boirais bien une bouteille! — Et moi aussi, que je réponds; va pour une bouteille! » Alors, quand la bouteille est là, il ajoute : « Je la boirais bien à moi tout seul! » Tu comprends, il voulait m'humilier; mais je ne me suis pas laissé faire. Je lui dis : « Si tu en bois une à toi tout seul, moi, j'en bois deux! » Il répond : « C'est bien possible, mais je parie que tu n'en bois pas trois! — A moi tout seul? — A toi tout seul! » Ça commençait à me monter au nez, je lui dis : « Qu'est-ce que tu paries? — Oh! la consommation! qu'il dit. — C'est pas assez! Moi, je te parie la consommation et tes balais que je bois les trois bouteilles. » Il a accepté!

MADAME TAUPIN

Et tu as bu les trois bouteilles?

TAUPIN

Je les ai bues, l'une après l'autre, et j'ai remporté les balais ! Et tu vois que je ne m'en porte pas plus mal! C'est pas toi qui ferais des affaires comme cela !

MADAME TAUPIN

Ah ! non, par exemple !

TAUPIN

Allons, rentre-moi ces balais dans la boutique...

MADAME TAUPIN

C'est pas mon affaire, c'est celle de Guignol notre domestique ; je vais te l'envoyer et te préparer ta soupe, car tu dois mourir de faim ! (*Elle rentre chez elle.*)

SCÈNE III

TAUPIN, *puis* GUIGNOL

TAUPIN

C'est pas faim que j'ai, c'est soif! Il n'y a rien qui altère comme de boire. Ah çà, mais il me semble que M. Guignol prend ses aises ! (*Il va à la porte.*) Guignol ! Guignol ! Viendras-tu ?

GUIGNOL

Me voilà, patron, me voilà! J'étais en train de faire reluire mes souliers.

TAUPIN

Faire reluire tes souliers ! En v'là une idée! Pour quoi faire?

GUIGNOL

Pour me faire un miroir, parce que j'en ai pas.

TAUPIN

Mais tu n'as pas besoin de miroir.

GUIGNOL

Mais si, patron, pour me faire la barbe.

TAUPIN

Tu n'en as pas, malheureux !

GUIGNOL

Ça ne fait rien ! Je me râcle la peau pour la faire pousser !

TAUPIN

Ça suffit ! Allons ! rentre-moi ces balais dans la boutique.

GUIGNOL

Oui, patron !

TAUPIN

Et dépêche-toi ! (*Il lui donne les balais.*)

GUIGNOL, *à part.*

J' vas en laisser un à la porte pour balayer la rue;

comme ça j'aurai pas besoin d'aller le chercher. (*Il pose un balai à la porte et rentre avec les autres.*)

TAUPIN

Eh bien, c'est drôle ! Voilà l'appétit qui me revient ! Comme d'habitude, ma femme ne m'aura préparé que de la soupe; je mangerais bien autre chose, moi ! Ah ! je vais envoyer Guignol me chercher du saucisson. Un bon saucisson à l'ail, c'est ça qui fait boire ! Guignol ! Guignol !

GUIGNOL, *revenant.*

Patron !

TAUPIN

Dis donc, Guignol, tu vas me faire le plaisir d'aller m'acheter un saucisson. Un bon ! Un gros ! A l'ail !

GUIGNOL

A l'ail ! Oui, patron ! Chez le charcutier

TAUPIN

Et tu ne vas pas être longtemps, n'est-ce pas

GUIGNOL

Oh ! je reviens tout de suite.

TAUPIN

Eh bien, va

GUIGNOL

Et de l'argent ?

TAUPIN

Tu n'en as pas besoin, tu diras que c'est pour moi.

GUIGNOL

Il ne me donnera pas le saucisson. Je le connais ! Vous lui devez déjà.

TAUPIN

Comment, je lui dois ?

GUIGNOL

Eh bien, et le petit-salé d'hier ? Je l'ai pris à crédit. Les saucissons de ce matin ? A crédit aussi, même qu'il m'a dit : « Mon garçon, ça fait deux fois que tu viens sans argent ; fais en sorte d'en apporter quand tu reviendras. »

TAUPIN

Eh bien, tu en as bien un peu ; paye-le, je te rendrai ça !

GUIGNOL, *à part.*

Ouais ! Il ne me le rendrait pas, je le connais ! (*Haut.*) J'ai pas le sou, patron !

TAUPIN

Qu'est-ce que tu fais donc de tes économies ?

GUIGNOL

Vous le savez bien ! Puisque c'est vous qui les placez ! Depuis un an que je suis chez vous, vous ne m'avez pas donné un sou. Chaque mois vous m'avez dit que vous mettiez mes gages à la caisse d'épargne,

TAUPIN

C'est bon ! Je l'avais oublié ! Eh bien, voilà cent sous. Tu rapporteras le reste. Pas à ma femme ! Entends-tu ? à moi !

GUIGNOL

Bien, patron !

TAUPIN

Et fais bien ton compte ! Un saucisson coûte douze sous. C'est quatre francs huit sous que tu me remettras.

GUIGNOL

Tant que ça ?

TAUPIN

Allons, dépêche-toi ! Moi, je vais manger ma soupe ! (*Il rentre chez lui.*)

SCÈNE IV

GUIGNOL

Quatre francs huit sous ! C'est une fortune ! Et dire que j'ai peut-être autant que ça à la caisse d'épargne ! Faudra que je lui reprenne mon livret, parce que j'ai, moi aussi, besoin de mon argent. Je fais la cour à Madelon, la fille du père Gnafron, le savetier d'en face ; elle n'a pas l'air de me regarder de travers, mais si je lui faisais un petit cadeau, ça irait bien plus vite ! Oh ! Madelon, quelle jolie fille qu'elle est ! Le soir, quand je ferme la boutique, je traverse la rue et je viens taper à sa fenêtre ; alors nous causons et nous nous disons de jolies choses! Ah! si son père voulait, nous serions déjà mariés! Mais sa fenêtre est entr'ouverte, je parie qu'elle m'attend... Tant pis! je ferai ma commission après! (*Il va à la fenêtre de Madelon.*) Mademoiselle Madelon!

SCÈNE V

GUIGNOL, MADELON *à sa fenêtre.*

MADELON

C'est vous, monsieur Guignol?

GUIGNOL

Oui, c'est moi, ma colombe! Comment vous portez-vous à c't heure-ci?

MADELON

Bien, monsieur Guignol, et vous?

GUIGNOL

Oh! moi, je n'ai qu'à vous voir pour être bien portant!

MADELON

Alors, comme ça, que vous sortez ce soir! Vous allez peut-être faire une commission?

GUIGNOL

Oui! Une commission pressée; mais ça peut attendre! Dites-moi, est-ce que vous avez pensé à ce que je vous ai dit hier soir?

MADELON

Qu'est-ce que vous m'avez dit?

GUIGNOL

Vous le savez bien, ma colombe! Je vous ai dit que vous étiez une bonne petite femme qui feriez le bonheur d'un bon garçon comme moi.

MADELON

Ah! monsieur Guignol, c'est vrai que vous êtes bien aimable, mais papa ne veut pas que je me marie avec vous! Il dit que vous n'avez pas d'argent.

GUIGNOL

Pas d'argent! (*Montrant sa pièce.*) Tenez! regardez! J'ai cent sous! Et puis j'en ai encore bien d'autres à la caisse d'épargne! Et puis je travaille! Ah! bien! pas d'argent!

MADELON

Eh bien, si c'est comme ça, parlez-lui! Montrez-lui vos économies. Peut-être alors qu'il consentira à nous marier ensemble. (*Ils continuent tout bas.*)

SCÈNE VI

LES MÊMES, GNAFRON *sortant avec un vase dans les mains.*

GNAFRON

Il n'y a personne dans la rue, je vais jeter ça dans le ruisseau! (*Il s'arrête.*) Il me semble qu'on parle tout bas... écoutons!

GUIGNOL

Oui, ma colombe ! Je pense sans cesse à vous ! Et la preuve, c'est que demain je vous apporterai un joli fichu que j'ai acheté à votre intention.

MADELON

Vous vous êtes mis en dépense, monsieur Guignol.

GUIGNOL

Oh ! ce n'est rien, ça ! Mais vous, vous me donnerez bien quelque chose, un petit souvenir.

MADELON

Attendez-moi ! Je vais vous donner une pipe, une belle pipe à papa ! Il ne s'apercevra pas que je l'ai prise, il ne fume jamais celle-là. (*Elle rentre.*)

GUIGNOL

Oh ! ma colombe ! Allez ! je vous attends ! Quelle femme ! Comme elle est délicate ! Une pipe ! Je ne fume jamais, mais j'apprendrai à fumer pour penser à elle ! Ah ! Je nage dans un océan de délices !

GNAFRON, *lui jetant le contenu de son vase sur le dos. A mi-voix.*

Eh bien, nage ! mon garçon, nage dans ton océan de délices ! (*Il rentre chez lui vivement.*)

SCÈNE VII

GUIGNOL

Oh ! sapristi ! Qu'est-ce que c'est que ça ? On fait attention, au moins ! Me voilà tout mouillé ! Qu'est-ce que c'est ?... Hum ! Ça ne sent pas bon ! Est-ce que ça serait... ? (*Il se sent.*) Oui ! c'en est ! Ah çà, est-ce que Madelon se serait moquée de moi. Ça n'est pas possible ! Pourtant c'en est ! Voyez-vous ça ! Avec son air sainte-nitouche, elle cherchait à me retenir pour me faire cette belle farce ! Me voici bien avancé maintenant ! Mon habit est perdu ! Pouah ! Ah ! mais c'est que je n'aime pas des plaisanteries pareilles, ce n'est pas de jeu ! Moi qui croyais qu'elle m'aimait ! Mais ça ne se passera pas ainsi ! Ça lui coûtera cher ! Je vais montrer ça tout chaud au commissaire... Eh bien, on verra alors... (*Il se détourne et se heurte contre Laplume.*)

SCÈNE VIII

GUIGNOL, LAPLUME

LAPLUME

Holà ! Faites donc attention ! Imbécile !

GUIGNOL

Imbécile vous-même ! Je ne vous voyais pas.

LAPLUME

Eh bien, quand on ne voit pas les gens, on ne les bouscule pas ! Qu'est-ce que vous faites là ?

GUIGNOL

Ça ne vous regarde pas !

LAPLUME

Pardon! Pardon! Ça me regarde! — Je suis le clerc du commissaire, et j'ai le droit d'interroger les gens qui n'ont pas bonne mine!

GUIGNOL

Ah! vous êtes le clerc du commissaire? Eh bien, j'allais chez votre patron.

LAPLUME

Le commissaire est sorti, mais je le remplace.

GUIGNOL

Ah! bien! Alors, ça va aller tout seul.

LAPLUME, *s'éloignant de Guignol.*

Qu'est-ce que vous lui voulez?

GUIGNOL, *s'approchant de Laplume.*

Je veux lui faire une plainte.

LAPLUME, *s'éloignant.*

Une plainte! Je vous écoute.

GUIGNOL, *se rapprochant.*

Vous m'écoutez?

LAPLUME, *s'éloignant.*

Oui! Allez!

GUIGNOL, *même jeu.*

Allez! allez! Mais c'est vous qui allez! Vous ne tenez pas en place! On dirait que vous avez des fourmis dans les jambes.

LAPLUME, *même jeu.*

Comme ça sent mauvais par ici ! Venez de ce côté.

GUIGNOL, *même jeu.*

Je veux bien!

LAPLUME, *même jeu.*

Par là, ça sent encore plus fort !

GUIGNOL

Mais restez donc en place !

LAPLUME

Vous n'avez donc pas de nez ? C'est une infection dans ce quartier-ci.

GUIGNOL

Une infection ! Ah ! C'est ça sans doute ! (*Il lui met sa manche sous le nez.*)

LAPLUME

Ah ! quelle odeur ! Qu'est-ce que c'est que ça?

GUIGNOL

Eh bien ! C'est la preuve.

LAPLUME

La preuve de quoi ?

GUIGNOL

De ma plainte...

LAPLUME

Alors, on vous a jeté...

GUIGNOL

Juste ! Vous avez mis le nez dessus !

LAPLUME

Oh ! oh ! très bien ! C'est une bonne affaire, contez-moi ça.

GUIGNOL

Ah ! Figurez-vous que j'étais là tout à l'heure à...

LAPLUME

Pardon ! Avant de faire votre plainte, il y a une petite formalité à remplir.

GUIGNOL

Une formalité ?

LAPLUME

Oui ! Vous comprenez que nous autres, gens de plume, nous n'avons pas de temps à perdre. Si nous causions ainsi avec tout le monde, nous n'aurions pas une minute à nous pour travailler. Donc, avant de déposer votre plainte, il est utile de nous payer.

GUIGNOL

Comment ! Comment ! Mais je me plains au contraire pour qu'on me paye.

LAPLUME

On vous payera après, mais il faut payer d'abord.

GUIGNOL

Ah ! bien, en voilà une affaire ! Mais je n'ai pas d'argent, moi !

LAPLUME

Alors, si vous n'avez pas d'argent, vous n'avez pas le droit de vous plaindre.

GUIGNOL

Eh bien! Elle est forte, celle-là! (*A part.*) J'ai bien là les cent sous du patron... Ma foi, tant pis, j' vais les lui donner. Je les rembourserai sur mes économies. (*Haut.*) Dites donc, monsieur, c'est-il bien cher, la plainte?

LAPLUME

Ça dépend. La plainte ordinaire coûte trente sous.

GUIGNOL

Ah! Et qu'est-ce que cela me rapportera ?

LAPLUME

Oh! des dédommagements, c'est de l'argent bien placé.

GUIGNOL

Bien! — Eh bien, voilà cent sous, rendez-moi.

LAPLUME

Voilà trois francs cinquante. Parlez!

GUIGNOL

Voici ce que c'est. — Tout à l'heure, on m'a jeté par cette fenêtre...

LAPLUME

Ah! on vous a jeté par cette fenêtre...

GUIGNOL

Oui. Celle-là...

LAPLUME

Alors, c'est différent. Ceci est plus grave, c'est une affaire criminelle.

GUIGNOL

Ah! je vous crois! Tout ce qu'il y a de plus criminel!

LAPLUME

Alors, c'est une plainte au criminel! Donnez-moi encore trente sous.

GUIGNOL

Comment? Comment? Je vous en ai déjà donné trente : ça fait trois francs!

LAPLUME

Comme vous dites. La plainte au civil est de trente sous, celle au criminel est de trois francs!

GUIGNOL

Et pourquoi cela?

LAPLUME

Parce que les dommages-intérêts seront plus grands et que peut-être il y aura de la prison.

GUIGNOL

Diable! Mais, au moins, c'est sûr, n'est-ce pas?

LAPLUME

Je crois bien! Plus vous me donnerez, plus ça vous rapportera.

GUIGNOL

Eh bien, voici encore trente sous.

LAPLUME

Merci! — Je vous écoute... Ah! dites-moi, avez-vous des témoins?

GUIGNOL

Des témoins! Mais toute la rue était là!

LAPLUME

Votre affaire est excellente, nous les assignerons. C'est encore vingt sous.

GUIGNOL

Vingt sous!

LAPLUME

Oui! Voyons, combien vous reste-t-il?

GUIGNOL, *montrant son argent.*

Quarante sous.

LAPLUME, *prenant l'argent.*

Eh bien, je les prends.

GUIGNOL

Comment? Vous disiez vingt sous tout à l'heure.

LAPLUME

J'oubliais l'huissier! Il y a aussi vingt sous pour lui.

GUIGNOL

Sapristi! Mais je n'ai plus le sou maintenant.

LAPLUME

Qu'est-ce que ça vous fait? Votre procès est bon; vous le gagnerez et ça vous rapportera beaucoup d'argent.

GUIGNOL

Vous croyez?

LAPLUME

Si je le crois! Un homme qu'on a jeté par la fenêtre!

GUIGNOL

Mais non! Au contraire...

LAPLUME

C'est une fenêtre qu'on a jetée sur vous?

GUIGNOL

Pas du tout. C'est Madelon, une jeune fille...

LAPLUME

On a jeté sur vous une jeune fille?

GUIGNOL

Mais pas du tout, vous ne comprenez pas...

LAPLUME

Vous m'avez dit qu'on vous avait jeté par une fenêtre.

GUIGNOL

Oui!

LAPLUME

Alors, vous êtes tombé.

GUIGNOL

Non !

LAPLUME

Vous êtes donc resté en l'air ?

GUIGNOL

Ah çà ! vous ne voulez pas comprendre ! Tenez, sentez ça ! (*Il lui met son bras sous le nez.*)

LAPLUME

Eh bien, oui ! Vous sentez mauvais ; après ?

GUIGNOL

Après ? Eh bien, c'est ça qu'on m'a jeté par la fenêtre

LAPLUME

Ça m'a bien l'air d'être du...

GUIGNOL

Précisément ! C'en est ! C'est ce que je vous explique depuis une heure.

LAPLUME

Je comprends ! Alors, votre habit doit être gâté.

GUIGNOL

Parbleu ! Voilà ma plainte ! Qu'est-ce que vous me conseillez de faire ?

LAPLUME

Hé, mon ami ! Je vous conseille d'aller vous changer ! J'ai votre plainte, j'y donnerai la suite qu'elle comporte. Revenez me voir demain. Adieu !

GUGNOL

Mais écoutez-moi donc!

LAPLUME

C'est inutile, je sais tout. Je n'ai pas de temps à perdre, et vous n'avez plus d'argent. Allez! allez vous nettoyer, mon ami. (*Il sort.*)

SCÈNE IX

GUIGNOL

Me nettoyer! Le fait est que j'en ai bien besoin! — Enfin, voilà mon affaire en train! Ah! mademoiselle Madelon, vous vous permettez de vous gausser de moi, de me détériorer mes habits avec des... choses que je n'ose pas nommer, pendant que, moi, je laissais mon cœur vous acheter un fichu et vous demander un gage d'affection! C'est honteux! Je vous reprends mon cœur, et vous allez voir où ça va vous mener! — Maintenant, allons chercher le saucisson du patron; il ne doit pas être trop satisfait de voir que je ne reviens pas! Mais, franchement! si vous aviez eu sur le dos ce qu'on m'a jeté... Eh bien! vous l'auriez eu sur le cœur, comme moi! (*Il sort.*)

SCÈNE X

TAUPIN, *sortant de chez lui.*

Ah çà! mais est-ce qu'il se moque de moi, ce fainéant de Guignol? Voici bientôt une demi-heure que j'ai mangé ma soupe et que j'attends mon saucisson. Est-ce qu'il l'aurait mangé en route? Ah! s'il avait fait un coup comme cela, je lui montrerais que je ne suis pas marchand de balais pour rien et que je saurais bien caresser ses épaules. Justement, je vois là, à la porte, un balai qu'il a oublié de rentrer; ça va faire justement mon affaire. (*Il prend le balai.*)

SCÈNE XI

TAUPIN, MADAME TAUPIN

MADAME TAUPIN

Eh bien! Qu'est-ce que tu fais là dehors! Tu ne vas pas encore, je pense, aller chez le marchand de vins; tu as assez bu aujourd'hui!

TAUPIN

Toi, tu vas me laisser tranquille! Si je suis ici, c'est que j'y ai affaire!

MADAME TAUPIN

Quelle affaire?

TAUPIN

Ça ne te regarde pas!

MADAME TAUPIN

Ça ne me regarde pas? C'est ce que nous allons voir! Je parie que tu as envoyé Guignol chercher une bouteille et que tu le guettes pour la boire tout seul.

8.

TAUPIN

Eh bien, oui! J'ai envoyé Guignol faire une commission, mais ce n'est pas celle que tu crois.

MADAME TAUPIN

Ça m'étonnerait bien!

TAUPIN

Je l'ai envoyé me chercher un saucisson et je m'étonne qu'il ne rentre pas!

MADAME TAUPIN

Un saucisson! Voyez-vous ça! Je le connais ce saucisson; c'est une bouteille de vin, ivrogne!

TAUPIN

Madame Taupin, si vous ne me croyez pas, vous allez me faire le plaisir de rentrer chez vous.

MADAME TAUPIN

Je resterai ici; je veux voir ce que Guignol va vous rapporter.

TAUPIN

Je vous dis, madame Taupin, de vous occuper de vos affaires et de rentrer dans votre maison.

MADAME TAUPIN

Et moi, je veux rester ici.

TAUPIN

Ne me mettez pas en colère, allez-vous-en.

MADAME TAUPIN

Et si je ne veux pas?

TAUPIN

Eh bien, je vais vous faire vouloir! (*Il lui donne des coups de balai.*) Veux-tu rentrer? Veux-tu rentrer?

MADAME TAUPIN

Oh là là! Oh! là là! Quel homme! Il va me tuer! Oh! là là! (*Elle rentre chez elle.*)

SCÈNE XII

TAUPIN, *puis* GUIGNOL

TAUPIN, *replaçant son balai au coin de la porte.*

Avec les femmes, il faut toujours employer les grands moyens! Pour une fois que je lui dis la vérité, elle ne me croit pas! Elle me croira désormais! Avec tout ça, Guignol ne revient pas! Qu'est-ce qu'il peut bien faire, cet animal-là? (*Guignol entre.*) Ah! le voilà! C'est pas malheureux.

GUIGNOL, *à part, sans voir Taupin.*

Je m'en doutais bien, le charcutier n'a pas voulu me faire crédit. Qu'est-ce que va dire le patron?

TAUPIN

Eh bien! Te voilà, Guignol! Et ce saucisson? Tu as mis le temps pour l'apporter!

GUIGNOL

Ah! dame! Patron! C'est qu'il m'est arrivé une histoire.

TAUPIN

Une histoire ! Et le saucisson ?

GUIGNOL

C'est le clerc du commissaire...

TAUPIN

Comment ! Le clerc du commissaire est un saucisson ?

GUIGNOL

Non ! C'est Madelon...

TAUPIN

Madelon ! Un saucisson !

GUIGNOL

Je l'ai reçu par la fenêtre.

TAUPIN

Qu'as-tu reçu par la fenêtre ? Madelon ou le saucisson ?

GUIGNOL

Ni l'un ni l'autre ! Ce que j'ai reçu, c'est ça ! (*Il lui met son bras sous le nez.*)

TAUPIN

Qu'est-ce que c'est que ça ? Mais tu sens mauvais comme un rat mort ! D'où viens-tu ? Et mon argent ?

GUIGNOL

Eh ben, c'est le clerc du commissaire qui l'a, à cause de ce qu'on m'a jeté par la fenêtre; alors le charcutier n'a plus voulu me faire crédit : c'est pourquoi je ne rapporte pas le saucisson. Mais n'ayez pas peur, tout ça, ça s'arrangera demain ; en attendant je vais changer d'habit !

TAUPIN

Tu vas changer d'habit ! Non ! Tu vas changer de patron, misérable ! Je te flanque à la porte !

GUIGNOL, *à part.*

Il ne me manquait plus que cela ! (*Haut.*) Vous me renvoyez ?

TAUPIN

Oui, coquin ! Je te chasse !

GUIGNOL

Eh bien, payez-moi mes gages.

TAUPIN

Tes gages ! Ah ! bien, avec les cinq francs que tu me voles, tu es encore trop payé !

GUIGNOL

Rendez-moi au moins mes effets !

TAUPIN

Tes effets ! Je vais te les jeter à la porte, drôle ! Car je ne veux pas que tu rentres chez moi ! — Ah ! voilà un saucisson qui me coûte cher ! (*Il rentre chez lui.*)

SCÈNE XIII

GUIGNOL

Eh bien ! Qu'est-ce que je vais devenir à présent? Je n'ai plus d'argent ! Je n'ai plus de domicile, je n'ai plus de Madelon, je n'ai plus rien ! Et je meurs de faim, car je n'ai pas dîné, moi ! — (*Frappant à la porte de Taupin.*) Voyons ! monsieur, rendez-moi mes effets ! C'est que j'ai un froid de loup avec mon habit mouillé ! J'en attraperai une fluxion de poitrine, c'est sûr ! Monsieur Taupin ! Mes effets ! (*Il cogne à la porte.*)

TAUPIN, *jetant les effets dehors.*

Les voilà, tes effets ! Laisse-nous tranquilles !

GUIGNOL

V'là mes effets ! Mais je ne peux pas me changer comme ça dehors ! S'il passait du monde, on me mettrait en contravention ! Où vais-je aller maintenant ? Si j'avais de l'argent, j'irais dans une auberge et demain je me débrouillerais ; mais je n'ai plus un sou, et je crève de faim ! Ah ! Madelon ! C'est toi qui es cause de tout, coquette, mauvais cœur ! Eh bien, je me vengerai, va ! Je ne dormirai pas cette nuit, eh bien, toi non plus. Attends ! (*Il prend le balai et avec le manche frappe à la porte de Gnafron.*) Tiens ! Tiens ! Tiens !

SCÈNE XIV

GUIGNOL, GNAFRON

GNAFRON, *sortant avec un tire-pied.*

Qu'est-ce que c'est? Qu'est-ce que c'est? On veut démolir ma maison! Attends, polisson! Je vais t'arranger!

GUIGNOL

C'est moi qui vais t'arranger! Savetier de malheur! N'approche pas ou je cogne.

GNAFRON

Tu oserais! Ne t'y fie pas.

GUIGNOL

Tu vas voir si j'ose! (*Il lui donne un coup de balai.*)

GNAFRON

Ah! gredin! Eh bien, tiens. voilà pour toi! (*Il lui donne un coup de tire-pied.*)

GUIGNOL. *Il lui donne un coup de balai.*

Tu oses encore me battre! Tiens!...

GNAFRON. *Il lui donne un coup de tire-pied.*

Tiens! Tiens!

GUIGNOL. *Il lui donne un coup de balai.*

Ah! mais non! Pas de ça! Au voleur! A l'assassin!

GNAFRON. *Il lui donne un coup de tire-pied.*

Ah ! tu appelles la police ! Tiens ! tiens ! tiens ! En as-tu assez ? Es-tu content ?

GUIGNOL

Assez ! assez ! assez ! (*Il tombe évanoui sur le devant du théâtre.*)

GNAFRON

Il a son compte ! Rentrons ! (*Il rentre chez lui.*)

SCÈNE XV

GUIGNOL *évanoui*, TAUPIN, UN GENDARME

TAUPIN

J'ai entendu crier au voleur ! Entre voisins, on doit se porter assistance ! Je vais crier aussi : « Au voleur ! A l'assassin ! »

LE GENDARME

On a crié au voleur ! C'est vous, monsieur ?

TAUPIN

Oui, c'est moi. J'ai entendu crier au voleur et j'ai crié aussi.

LE GENDARME

Et où est-il ce voleur ?

TAUPIN

Je ne sais pas ! Je vous ai averti, c'est tout ce que je puis faire ! C'est à vous de le pincer !

LE GENDARME

C'est juste! Ceci est dans les attributions de la gendarmerie! Eh bien, laissez-moi faire. Où demeurez-vous?

TAUPIN

Ici!

LE GENDARME

Rentrez chez vous! Si j'ai besoin de vous, je vous appellerai!

TAUPIN

Et je vous prêterai main-forte, si vous en avez besoin! (*Il rentre chez lui.*)

SCENE XVI

GUIGNOL, LE GENDARME

LE GENDARME

Examinons la situation! On a crié: « Au voleur! » Donc il y a un voleur! Et s'il y a un voleur, il doit être ici, puisque c'est ici qu'on a crié. Par conséquent je dois être sur ses traces...

GUIGNOL, *couché.*

Oh! aïe! aïe! Oh! aïe! aïe! Il m'a tué!

LE GENDARME

Qu'est-ce que c'est? J'entends des cris inhumains! Ce doit être mon homme!

GUIGNOL

Oh ! aïe ! aïe !

LE GENDARME

Le voici ! Allons ! Levez-vous ! Ne faites pas de manières !

GUIGNOL, *se levant.*

Oh ! aïe ! aïe ! Qu'est-ce que vous me voulez ?

LE GENDARME

Ce que je veux ? Je veux vous arrêter !

GUIGNOL

Moi ! Pourquoi ça ?

LE GENDARME

Pourquoi ? Mais parce qu'on a crié au voleur et que le voleur c'est vous !

GUIGNOL

Comment, c'est moi ? Mais c'est moi qui ai crié : « Au voleur ! »

LE GENDARME

Ce n'est pas probable ! Qu'est-ce que c'est que ce paquet d'effets que vous avez là ?

GUIGNOL

Ce sont mes effets, à moi.

LE GENDARME

Je n'en crois pas un mot ! Prouvez-le !

GUIGNOL

Oh ! C'est bien facile ! Tenez ! (*Il lui met sa manche sous le nez.*)

LE GENDARME

Oh ! fi ! Que ça sent mauvais !

GUIGNOL

Eh bien, c'est ça ! Vous voyez bien ! Vous comprenez que je ne peux pas rester avec un habit pareil ; alors j'ai pris mon paquet pour me changer.

LE GENDARME

Hum ! Hum ! — Mais pourquoi sentez-vous mauvais comme cela?

GUIGNOL

A cause de Madelon, qui m'a jeté... Vous comprenez...

LE GENDARME, *à part.*

Ne soyons pas sévère. C'est une dispute d'amoureux ! (*Haut.*) Oui, je comprends ! Eh bien, mon mi, changez-vous quelque part et le plus vite possible, si vous ne voulez pas être asphyxié. — Je pars, ais que je ne vous retrouve plus ici. (*A part.*) Cet omme sent très mauvais, mais ce n'est pas un rime et même c'est une preuve de son innocence, ar jamais un voleur ne se risquerait à être parumé ainsi : on serait tout de suite sur sa trace. (*Il ort.*)

SCÈNE XVII

GUIGNOL, *puis* MADELON, *à sa fenêtre.*

GUIGNOL

Eh bien, c'est encore heureux qu'il ne m'ait pas arrêté ! Et pourtant j'aurais su où passer la nuit ! Où vais-je aller sans argent ? Il ne faut pas qu'il me retrouve ici. Pauvre Guignol !

MADELON, *à sa fenêtre.*

Guignol ! Guignol !

GUIGNOL

Qui m'appelle ?

MADELON

C'est moi, Madelon !

GUIGNOL

Ah ! C'est vous, mademoiselle ! Eh bien, vous en avez fait de belles, avec votre flacon d'eau de Cologne...

MADELON

Taisez-vous, monsieur Guignol ! Ce n'est pas moi, c'est mon père qui m'a tout dit. Je sais tout : la grossièreté qu'il vous a faite, et puis qu'on vous avait chassé et que vous n'avez plus d'argent et que vous ne savez où aller ! Tenez, prenez ma bourse ; il n'y a pas grand' chose, mais assez pour que vous puissiez souper et vous reposer à l'auberge. — Revenez demain, j'aurai parlé à mon père; il n'est pas si méchant qu'il en a l'air et... tout s'arrangera.

GUIGNOL

Oh! colombe! Oh! ma tourterelle! Oh! chère Madelon!

MADELON, *rentrant.*

A demain.

GUIGNOL, *seul.*

Et je l'accusais! Allons vite maintenant prendre un peu de repos, j'en ai grand besoin! — Mais je réfléchis à une chose: c'est peut-être heureux pour moi que tout cela me soit arrivé, puisque Madelon m'aime toujours et va parler pour moi à son père! Mon pauvre habit, je vais te faire nettoyer, mais je te garderai toujours, puisque tu m'as porté bonheur!

RIDEAU

INDICATIONS

DÉCOR

Une place publique. — A droite, boutique de Taupin. — Écriteau sur la porte ainsi conçu : TAUPIN, MARCHAND DE BALAIS. — A gauche, boutique de Gnafron avec cet écriteau : GNAFRON, SAVETIER. Cette coulisse est peinte en perspective et formant angle. Du côté du public, une fenêtre au rez-de-chaussée est machinée de façon à pouvoir s'ouvrir du dedans au dehors. — La tête de Madelon doit pouvoir y passer. — Du côté de la scène, la porte d'entrée de Gnafron est peinte sur le décor.

COSTUMES

TAUPIN, costume de concierge, avec chapeau.
MADAME TAUPIN, vieille femme.
GUIGNOL, costume traditionnel.
GNAFRON, id. id.
MADELON, id. id.
LAPLUME, commissaire.
UN GENDARME, costume traditionnel.

ACCESSOIRES

Vase de nuit. — Paquet de balais attachés. — Un balai séparé. — Un petit paquet d'effets dans une serviette ou un mouchoir de couleur. — Un tire-pied ou une botte en bois dont se servent les savetiers.

Pour jouer cette pièce seul, placement des personnages :

	MAIN DROITE	MAIN GAUCHE
Scène I.	. . . .	Madame Taupin.
— II.	Taupin	Madame Taupin.
— III.	Taupin	Guignol.
— IV.	. . . .	Guignol.

—	V.	Madelon, à sa fenêtre .	Guignol.
—	VI.	Madelon, à sa fenêtre, Gnafron.	Guignol.
—	VII.	. . . .	Guignol.
—	VIII.	Laplume.	Guignol.
—	IX.	. . . .	Guignol.
—	X.	. . . .	Taupin.
—	XI.	Madame Taupin	Taupin.
—	XII.	Guignol	Taupin.
—	XIII.	Guignol	Taupin.
—	XIV.	Guignol	Gnafron.
—	XV.	Guignol évanoui. Le Gendarme	Taupin.
—	XVI.	Le Gendarme	Guignol.
—	XVII.	Madelon à sa fenêtre. .	Guignol.

OBSERVATIONS

Madelon est placée sur une tige de bois. Quand elle se met à la fenêtre, elle pousse avec sa tête les volets et reste accrochée par les bras. Pour faire entrer Gnafron à la scène VI, on lâche la tige de Madelon et on prend vite Gnafron. — Les pièces de monnaie montrées par Guignol à Madelon et à Laplume n'existent pas. Le public doit se figurer qu'elles sont réellement dans la main de 1.

TABLE DES MATIÈRES

Emile Colin. — Imprimerie de Lagny.

LEMERCIER DE NEUVILLE

Œuvres Théâtrales

THÉATRE DE GUIGNOL

L'auteur des Pupazzi, LEMERCIER DE NEUVILLE, sollicité par nous, a bien voulu nous faire un nouveau Théâtre de Guignol, pour remplacer l'ancien qui devenait par trop usé. Ce qu'il a cherché avant tout, c'est le comique sans grossièreté et aussi la facilité d'interprétation. On le sait, nul n'est plus compétent que lui dans le maniement de ces petits personnages ; aussi ses pièces, très variées, très bouffonnes et en même temps littéraires, sont-elles faciles à jouer. Du reste, il n'a pas ménagé les explications, et le premier volume est précédé d'une notice où l'art du GUIGNOL est entièrement démontré.

2 volumes in-18 jésus à 3 francs chaque

THÉATRE SANS PRÉTENTION

Voici ce qu'en dit M. A. Claveau, critique dramatique du *Soleil* :

« Homme de lettres et homme de théâtre, M. Lemercier » de Neuville présente cette particularité originale qu'il a plu- » tôt côtoyé qu'abordé franchement la scène et le livre. Il a » publié plusieurs ouvrages, il a fait jouer plusieurs pièces ; » mais on dirait que sa modestie se réserve pour l'intimité, et » l'on croit deviner en lui un de ces délicats qui aiment la lit- » térature à huis clos et la causerie littéraire, entre amis, plus » encore que la littérature elle-même. »

Les cinq pièces de ce théâtre sans prétention, quoique destinées primitivement au théâtre, seront tout à fait dans leur cadre dans un salon.

Un volume in-18 jésus, 3 fr. 50

www.ingramcontent.com/pod-product-compliance
Ingram Content Group UK Ltd.
Pitfield, Milton Keynes, MK11 3LW, UK
UKHW031856260826
14628UKWH00002B/811